AF344875

GAME 101

LE GUIDE ULTIME DES RELATIONS HOMME - FEMME

GAME 101

LE GUIDE ULTIME DES RELATIONS HOMME - FEMME

Table des matières

AVANT-PROPOS

Je dédie ce livre à tous ceux qui ont cru en moi. C'est avec un simple téléphone portable que l'aventure a commencé. Depuis ce temps-là, je me rends compte de l'influence que je peux avoir sur les plus jeunes qui vivent dans une époque chaotique en ce qui concerne les relations humaines, et plus particulièrement les rapports homme–femme.

Beaucoup n'ont pas eu la chance d'avoir une figure paternelle et n'ont eu que de l'influence féminine durant leur enfance et adolescence. J'ai dû mettre les "pieds dans le plat" pour réveiller toute une génération perdue entre conditionnement social, fracture intergénérationnelle et perte de repères.

J'ai toujours su que j'étais fait pour guider les autres, et donc c'est avec fierté que je te présente le présent ouvrage que j'ai voulu le plus pragmatique et direct possible.

Tu ne trouveras pas des phrases de drague ou autres artifices. Que du vrai et du simple.

INTRODUCTION

Ce présent livre est le fruit de 15 années d'expérience dans le domaine des relations homme/femme, d'erreurs et de réussites avec le sexe opposé. Pas de soi-disantes phrases magiques ou tchatche pour essayer de jouer au Don Juan. Que du factuel.

J'ai toujours eu le sens de l'intuition et de l'analyse des comportements humains, c'est une capacité que je n'ai pas choisie, mais qui a été innée en moi depuis mon enfance. Le savoir que je vais te donner ne s'apprend pas dans les livres d'école ou en écoutant tel ou tel gourou de la séduction, il vient d'erreurs et d'apprentissage sur le tas sur le champ de bataille des relations modernes. Je veux te préciser que je vais te donner des clés pour optimiser tes chances, ta compréhension et agir comme une personne rare à notre époque, une personne de haute valeur dans le domaine des relations.

Plusieurs facteurs entrent en compte pour que tout d'abord tu assimiles le savoir que je vais te donner. Premier point, ne fait jamais des femmes le centre de ta vie – les femmes sont dominées par leurs émotions et sont très capricieuses en ce qui concerne leur comportement, donc tu ne peux pas faire d'une chose instable le centre de ton focus dans ta vie, c'est le chemin de ceux qui finissent par tomber dans la pauvreté ou la misère mentale. De deux, tes finances, ta liberté, ta sérénité valent mieux que toutes les femmes de la Terre. De trois, c'est ton but dans la vie qui te donnera la plupart des clés afin de pouvoir appliquer ce savoir, il faut tout d'abord que tu te focalises sur ce qui est important dans ta vie avant de te lancer dans le Game Homme/Femme.

Les femmes ne sont qu'un plus dans ta vie, pas le centre de ce que tu dois être ou de ce que tu veux accomplir. Les femmes sont un luxe, un plus dans la vie d'un homme, pas le focus principal. Passer sa vie à courir après les femmes et mettre de côté ce qui est le plus important dans ta vie te mènera à la ruine sur tous les plans : sois ferme sur ce point-là, beaucoup d'hommes ont perdu la raison pour simplement tremper leur bambou dans un vagin !

J'espère que tu pourras tirer un bon enseignement de ce livre que j'ai voulu rendre le plus complet et direct, que je distingue de tous les livres de drague/séduction qui je pense ne sont plus d'actualité à notre époque.

Bonne lecture

Saïd

CHAPITRE 1

LE BUT DE TA VIE À LA PRIORITÉ SUR LES FEMMES/ LA SITUATION ACTUELLE DANS LE DOMAINE DES RELATIONS

1. Ce qui fait un homme c'est son but dans la vie.

Sans ton but dans la vie, tu es comme un bateau sans voile qui vogue au gré des vagues. Retiens bien cette phrase, ce n'est pas pour monter sur mes grands chevaux ou faire le moralisateur, mais il faut que tu comprennes le concept de but dans la vie. Tout est une question d'état d'esprit en ce qui concerne la dynamique homme/femme. L'homme est sur Terre pour chasser ces rêves, la liberté et construire : c'est l'énergie masculine. L'énergie féminine c'est de communiquer, se connecter aux autres et de porter la vie. La plupart des hommes de nos jours pensent comme des femmes, donc agissent comme des femmes, il y a une perte de repères dans les deux camps. D'un côté, on incite les femmes à chasser leur carrière et d'un autre côté on incite les hommes à chasser les femmes, alors que dans la normalité c'est l'inverse qui devrait avoir lieu. L'homme est celui qui protège et pourvoie aux subsistances de sa famille, biologiquement parlant un homme peut se débrouiller seul dans la nature par ces facultés qu'il a sur le plan physique (force), émotionnel (stabilité), à l'inverse de la femme qui elle est plus faible physiquement et est instable émotionnellement. L'homme est le prix malgré tous les bobards que cette société met dans la tête des jeunes. Ce n'est pas que les femmes sont inutiles, loin de là, c'est juste qu'il y a une hiérarchie biologique entre l'homme et la femme. Tu peux exploiter ce savoir-là pour toujours te mettre en position naturelle de n'être pas "needy" avec la femme que tu vois. Un homme dans le besoin est repoussant pour une femme, ils passent directement dans la catégorie des "faibles" à ces yeux.

Un homme qui n'a pas de but n'est pas forcément un homme qui n'a pas de travail. Ton travail te sert à te donner ta subsistance au quotidien, le but dans ta vie est ce qui te fait vibrer. C'est important en tant qu'homme que tu trouves ce but qui t'anime. Le simple fait d'avoir de l'argent ne va pas te donner la confiance en toi nécessaire pour affronter les rivalités et les défis du quotidien. Une grande partie du "Game" c'est ta positivité et le fait que tu croques la vie à pleines dents, que tu sois dans ton masculin à chercher ce qui va être utile pour toi et ceux qui sont autour de toi.

Pour en revenir au but que tu dois trouver, en somme c'est une passion qui te permettra d'acquérir plusieurs bienfaits tant sur le plan financier, de la confiance en soi et de l'estime des autres. La VMS (Valeur sur le Marché Sexuelle) a une importance capitale en ce qui concerne les relations que tu vas entretenir avec les femmes. Les femmes sont totalement différentes dans leurs attentes qu'elles ont, à contrario des hommes. Elles sont constamment à la recherche du meilleur parti et la société actuelle avec les réseaux sociaux a ouvert la boîte de pandore. Le but de ta vie va te rendre attractif via la gent féminine, car tu seras un homme qui ne sera pas dans son féminin et chassera ce qu'il doit chasser : le statut, la gloire, le physique ou l'argent. A contrario, la femme a été faite pour chasser ce genre d'hommes, alors pourquoi tu vois des femmes hystériques quand elles voient des stars ? C'est qu'ils sont de haute valeur et on atteint leur but.

La misère des hommes de nos jours est qu'ils ont fait des femmes leur but dans la vie. On se retrouve avec un déséquilibre entre la force masculine et la force féminine. Les "boloss" sont toujours là à courir après des femmes qui elles courent après des hommes qui chassent leur but dans la vie. C'est une dynamique qui durera pour des décennies au vu des événements actuels.

Il faut que tu te distingues des boloss qui eux sont en prosternation devant la femme pour avoir des faveurs sexuelles ou même recevoir de l'attention féminine. Les femmes donnent leur attention aux hommes qu'elles trouvent attractifs, si tu mendies l'attention d'une femme, tu agis comme une femme, la recherche d'attention est une caractéristique féminine, toi en tant qu'homme tu dois faire ce que tu as à faire sans faire le flamboyant à exposer tes richesses, accomplissements et autres artifices.

L'homme est sur Terre pour construire et agir, l'action est une qualité masculine, la passivité est une caractéristique féminine. Le fait de courir après les femmes par exemple est un gage de basse valeur, l'homme de haute valeur ne se diminue pas à rechercher la validation d'une femme : c'est là que vient l'esprit d'abondance. Tu vis dans un monde où le vagin est érigé en fausse divinité. Désacralise le sexe et ne le rends pas prioritaire dans ta vie, le sexe ne remplit pas ton frigo ou paye tes factures. Je t'avoue qu'il est bon d'avoir des femmes sous sa coupe, mais le point essentiel avant que je ne développe ce sujet est que tu dois avoir un ordre des priorités, ou bien tu te retrouveras sur la touche.

Avant toute intention d'avoir une rotation de femmes, une relation, un mariage ou toute interaction romantique avec une femme, il faut que tu te poses la question suivante : Suis-je heureux seul ou ai-je besoin d'une autre personne pour m'apporter du bonheur ? Si la réponse est négative, alors tu dois prendre ton temps et travailler sur toi-même et rechercher ton bonheur avant de laisser rentrer quelqu'un que tu penses va t'apporter ton bonheur ici-bas, tu es en position de faiblesse et tu n'es pas dans ton masculin : en somme, ce que tu communiques est que tu n'es pas satisfait de toi et que seule une autre personne peut t'apporter du bonheur. Tu es l'acteur de ta vie et l'homme est basé sur l'action et l'accomplissement d'objectifs, pas sur reléguer son bonheur sur une tierce personne.

Le point de ce chapitre est le suivant :

1) Trouve une passion qui te fait vibrer.

2) Si tu peux en tirer un revenu suffisant, alors tu fais partie de l'élite.

3) Que veux-tu laisser pour les prochaines générations ?

4) Lorsque tu as trouvé ton but, concentre-toi exclusivement sur lui (tout en gardant une source de revenu stable via un job si tu n'as pas atteint le point numéro 2) et que les autres choses soient juste une périphérie.

Les bénéfices récoltés lorsque l'on suit son but dans la vie dans la relation avec les femmes :

1) Indisponibilité

2) Focus

3) Confiance

4) Assurance

5) Vie sociale abondante

6) Attention réduite

Comprends que ce n'est pas en ayant telle ou telle coupe de cheveux, tel jean ou telle tchatche que tu vas attirer (sur le moyen terme) une femme ; c'est le style de vie, le charisme et la confiance en toi qui viennent du fait de suivre ton but. Si tu as tout en ordre dans ta vie, alors une femme voudra y entrer. À l'inverse, si tu es un homme qui n'a pas compris le sens réel de la vie, courir après les plaisirs au lieu de courir après ton but dans la vie va te priver de ces deux choses en même temps.

Un homme sans but dans la vie est comme une armure vide. Fais partie de ceux qui chassent leur but pas les femmes, et c'est les femmes qui vont se battre pour ton temps, et non l'inverse.

2. Plus tu cours après une femme, plus elle te fuit.

Ce que la société moderne occidentale a mis dans la tête des plus jeunes depuis leur plus tendre enfance, c'est qu'ils doivent essayer de prouver leur valeur à la femme, la considérer comme une reine et jouer au singe humoriste pour entrer dans ses grâces. C'est de la connerie. Pas qu'il faille être un connard ou un mec mauvais, mais essayer d'impressionner une femme par ses objets, jouer le chevalier blanc est une preuve que tu recherches la validation de la femme, en gros tu vois la femme comme supérieure à toi. J'ai toujours eu un tempérament assez tranché dans la vie, ce qui m'a évité de tomber dans ce genre de bolosserie. Si tu agis comme un chevalier blanc, ne viens pas t'étonner que ta demoiselle soit partie avec un gars pas si "gentil" que ça. Ça arrive tous les jours, car beaucoup d'hommes n'ont pas pris conscience de leur valeur, et ça, la femme le perçoit vite. Les mecs trop gentils avec les femmes sont en fait mis dans la catégorie des boloss hommes vagins rapidement. Leur game est simple et très inauthentique : jouer le chevalier blanc, tout payer, donner de son attention et fondamentalement chercher la validation de la femme et ne pas mettre ces intentions au clair (par peur du rejet) pour obtenir des faveurs sexuelles : case boloss et friendzone.

Comprends que les femmes aiment les hommes authentiques, dans le sens que tu sais ce que tu veux, si tu veux flirter avec la femme, tu lui feras comprendre, si tu veux escalader les choses sexuellement, tu lui feras aussi comprendre. Prendre la route de la friendzone, c'est la route des frustrés et des mecs qui tombent dans l'abus, car malgré tous leurs efforts, ils n'ont pas réussi à avoir de faveurs sexuelles. Accepter d'être l'ami d'une femme qui t'attire sexuellement revient à perdre ta masculinité et ton estime de toi-même simplement pour avoir l'espoir de tomber dans les bonnes grâces de la femme : tu perds tant de choses pour si peu d'espoir ; la femme est mise sur un piédestal et tu es son serviteur !

Il y a une différence entre courir après une femme, montrer de l'intérêt/proposer. La différence entre ces trois affirmations est la suivante : l'homme approche, propose, et la femme accepte ou décline. Faire plus que ça et être persistant, c'est courir après la femme, et la femme est comme un chat, si tu lui cours après, tu l'as perdu. Si elle accepte, il est temps d'escalader les choses pour obtenir ce que tu veux d'elle, si elle ne veut pas escalader les choses, alors laisse-la tomber.

Les femmes ont le pouvoir d'ouvrir leurs jambes à qui elles veulent. Courir après une femme, c'est toujours envoyer le premier message, la couvrir d'attention non méritée et montrer trop d'intérêt, alors qu'elle ne fait pas d'effort et ne donne pas une réciprocité à l'intérêt que tu lui portes. Si une femme te porte un grand intérêt et que toi aussi tu es intéressé, alors là, tu peux donner ton attention à cette femme, mais il faut d'abord que tu aies eu accès à ce que toi tu veux : le sexe. Après que le sexe a été consommé, il faut immédiatement que tu fasses marche arrière et que tu mettes la femme dans son féminin pour qu'elle recherche ton attention/validation. Si tu continues à être trop focalisé sur elle après qu'elle ait investi son corps en toi, tu vas être rapidement mis dans la friendzone et l'attraction sera détruite, mais on parlera de ce sujet dans le chapitre deux.

L'homme propose et la femme dispose. Retiens bien cette phrase. Et tu ne dois pas proposer encore et encore, si tu fais ça tu montres que tu es dans le besoin et cela repulse la femme. La plupart des gars disent "mais elles aiment que les bad boyz, etc." et croient encore en ces conneries. Les soi-disant "bad boyz" n'ont pas honte de mettre leurs intentions au clair et n'hésitent pas à escalader les choses si la femme ouvre les portes : si une femme te kiff, elle t'aidera en ouvrant les portes pour que tu rentres. Au cours de ma vie, j'ai toujours eu une attitude à prendre ou à laisser, je n'ai jamais eu honte de dire à une femme ce que je voulais ou la larguer si les choses ne me plaisaient pas. Ce n'est pas qu'il faut être mauvais ou être un connard pour avoir du succès avec les femmes, mais être authentique avec elle et savoir lui dire merde et se barrer si elle dépasse les limites. Rien de plus simple.

Donne de la valeur à ton attention. Ton attention pour une femme vaut plus que le sexe pour nous. Si tu as compris ce principe, tu apprendras que c'est toi qui as le pouvoir dans les relations, une femme doit se battre pour ton attention, faire l'inverse c'est agir de manière féminine. Les Boloss sont des hommes avec un corps d'homme, mais une mentalité de femme. Ton attention est importante, apprends à quelle femme la donner. Le game des boloss est de couvrir la femme d'attention et de validation en espérant avoir le sexe : n'agis pas comme ça, tu vas droit à la ruine et à la perte de l'estime de toi.

Courir après une femme communique que tu es de plus faible valeur qu'elle et que tu ne donnes pas de valeur à ton temps et ton attention, comprends qu'il y a une différence entre courir après une femme et proposer à une femme/montrer de l'intérêt. Jouer des pieds et des mains pour tomber dans les bonnes grâces sexuelles d'une femme ou encore pire jouer le chevalier blanc pour avoir des faveurs communique que tu es simplement un suiveur de femmes et pas un leader dominant de lui-même et des femmes. La femme veut être en position de domination. Attention, il y a une différence entre être un dominant et un dictateur : tu es simplement celui que l'on doit suivre, pas celui qui force à ce qu'on le suive.

Courir après une femme. Exemples :

- Elle met du temps à répondre à tes messages, tu continues à envoyer messages après messages, appeler et la harceler.
- Tu inities le contact 70 % du temps avec les premiers messages et appels.
- Elle te pose un lapin, mais tu continues à lui envoyer des messages.
- Tu passes des heures au téléphone avec elle.
- Elle te dit que la relation est terminée, tu essayes de la contacter ou de rester ami. CASE BOLOSS

3. Ce que veulent réellement les femmes.

Plusieurs éléments dans ce chapitre. Les femmes sont des êtres émotionnels qui sont conditionnés biologiquement pour avoir de l'attraction pour l'homme le plus dominant dans les domaines suivants.

A) Physique : le physique est important, car le physique reflète qui l'ont est et tout le monde aime les choses belles.

B) Confiance en soi et assurance : c'est l'un des traits internes le plus attirant pour les femmes. Les femmes n'aiment pas les hommes timides et qui ont une basse estime d'eux-mêmes (traits féminins)

C) Statut : le statut est ce qui définit un homme, et plus un homme a de statut, plus il sera attirant.

D) Argent : les femmes sont naturellement attirées par les ressources. Pas qu'elles soient des michtoneuses, mais leur programmation est qu'elle recherche un homme qui pourra apporter de la sécurité financière pour elles et leurs progénitures.

L'attraction ne se négocie pas chez les femmes. Elles sont binaires, soit elles te veulent, soit elles ne te veulent pas.

Lui faire faire des tours de voiture, lui payer tel ou tel resto, essayer d'acheter son affection est un trait de boloss. Si tu veux recevoir plus de signaux d'attraction de la part des femmes, c'est simple : augmente ta VMS (valeur sur le marché sexuel).

Comprends donc qu'une femme ne choisit pas pour qui elle est attirée, et tu ne pourras jamais argumenter ou chercher à prouver que tu mérites cette femme. Soit ça passe soit ça casse !

La femme veut d'un homme beau, confiant en lui-même, ayant du statut et des ressources. Tu peux avoir une seule de ces composantes si tu le souhaites, les femmes sont différentes et certaines donnent plus d'importance à certains domaines plus qu'à d'autres. Pas besoin d'essayer de devenir Richard Gear ou une super star pour attirer des femmes, il faut juste être en position de pouvoir être attractif. Tu n'as pas d'excuse. J'ai des jeunes hommes qui me prennent des consultations pour essayer d'attirer une femme alors qu'ils pèsent 90 kilos, se sapent comme un gars qui sort des restos du coeur et ont un compte en banque à découvert. Ce n'est pas la route à suivre.

Ce genre de personnes sont dans la mystification des femmes : ils pensent qu'ils n'auront jamais de succès avec les femmes, car leur "génétique" fait défaut. C'est entièrement faux. Comprends que toi en tant qu'homme tu peux compenser par un des éléments de la VMS, alors que les femmes n'ont que leur look et comprends aussi que contrairement à nous, les femmes ont une horloge biologique : elles ont une date d'expiration (habituellement 35 ans).

La femme veut que tu prennes les décisions et que tu sois direct. Elle ne veut pas se mettre dans son masculin en ayant à devoir prendre les décisions et prendre la responsabilité des choix qu'elle prend. En tant qu'homme, tu dois être le leader, pas un dictateur. Si tu n'as pas la faculté de dire non à une femme ou de prendre les décisions, elle va perdre foi dans le fait que tu sois un homme. Si elle veut rester dans son masculin et porter la culotte, la méthode est simple : tu lui dis que c'est toi l'homme et que si elle ne veut pas t'écouter qu'elle prenne ses valises. Il te faut être radical dans le Game actuel, sinon tu t'exposes à des manques de respect, des pertes de temps, des tromperies et une perte de ton estime de toi !

Les femmes veulent se connecter émotionnellement à leur amoureux et veulent conquérir leur homme, la femme a été faite pour se connecter avec un homme. Attention, il y a une différence entre se connecter émotionnellement à un homme et être un tampon émotionnel ; les femmes veulent d'un homme qui suit son but dans la vie, mais qui ne fait pas de sa femme sa priorité, qui tient à elle sans être obsédé par elle. Là est la nuance et la fine limite entre les mecs dans le besoin (needy) et ceux qui savent rester focalisés sur leur vie, mais aussi savent donner de leur précieux temps à leur femme.

4. L'effet de la société actuelle sur les relations homme/femme

Le point principal de ce chapitre est que la société actuelle a radicalement changé depuis les années 70. Les facteurs principaux de ce changement sont la libération sexuelle, la destruction de la structure familiale et le féminisme. Ces trois facteurs ont eu une influence radicale dans le comportement féminin via le sexe opposé. La libération sexuelle a fait que les moeurs autrefois contenues par les tabous, la religion ou la famille ont étés radicalement balayés. C'est pour cela qu'agir comme un gentleman des années 50 ou un séducteur des années 90 sont des attitudes dépassées. La libération sexuelle est basiquement le fait de dire aux femmes d'agir de façon polygame comme les hommes. La destruction de la structure familiale traditionnelle a mis sur le marché une horde de femmes sans repères et ayant des biais cognitifs biaisés et reproduisant constamment les structures/schémas vus dans leur enfance. C'est pour cela que je dis souvent que 90 %

des femmes actuelles ne doivent pas être prises au sérieux, car malheureusement endommagées. Le dernier facteur est le féminisme, comme toute idéologie celle-ci s'est transformée en religion embrigadant bon nombre de femmes dans l'idée que les hommes sont simplement des utilités, sont tous des "connards" ou sont simplement des êtres assoiffés de sexe.

C'est pour cela que je vous dis de ne jamais prendre au sérieux une femme qui se revendique de cette tendance. Le fait que ce genre de femmes essayent de contrôler les hommes est révélateur de leur conditionnement qui nuit à la dynamique saine homme/femme qui s'est déroulée sur des milliers d'années.

Ce qu'il faut aussi comprendre est l'affaiblissement des hommes qui la plupart du temps viennent aussi de foyers tenus par des femmes, une éducation promulguée par des femmes et des débilités télévisuelles qui poussent les hommes à agir comme des chevaliers blancs débiles, ou des bolloss qui essayent de plaire à la femme et à prouver leur valeur : rien de pire pour détruire le respect qu'une femme peut lui porter. On voit ce comportement actuellement dans des shows TV ou des hommes viennent chialer devant leur ex-femme et demander pardon : quelle bollosserie. Si tu penses que la vie c'est comme dans les séries TV de Hollywood, tu vas vite déchanter.

Les réseaux sociaux ont totalement amplifié ce phénomène, car une femme peut en un coup de swipe, demande d'ami sur Facebook, etc. avoir une armée d'hommes prêts à tout pour assouvir son besoin biologique. De plus, l'attention dont la femme a besoin (et naturellement ne venant que d'un seul homme) a été dispersée et la boîte de pandore a été ouverte : elle recherche son crack de dopamine via des tic tok, stories Instagram et autres posts, laissant la porte ouverte à la polygamie féminine. La validation que reçoivent les femmes sur les réseaux sociaux est tellement grande que beaucoup se voient comme des Kim Kardashian ou super stars alors qu'elles ne sont que des femmes basiques ou médiocres. C'est pourquoi je vous dis de ne pas valider les femmes de ce genre, car vous tomberez automatiquement dans la case des hommes vagins.

Ayant 31 ans, j'ai vu le monde changer en une dizaine d'années : les réseaux sociaux et les rencontres en ligne ont totalement changé la donne. Les femmes ont un choix quasi illimité sur le plan sexuel et au niveau de l'attention/validation qu'elles reçoivent. Mais la bonne nouvelle est que malgré tout ce chaos, tu as une place prémium dans l'échiquier, si tu connais les fondements de ce livre, alors tu n'auras pas de problèmes pour te distinguer des 95 % d'hommes efféminés, d'assoiffés de sexe et autres hommes qui ne connaissent rien à la femme moderne et encore moins la nature féminine. Tu as toutes les cartes en main si tu sais te distinguer.

Pourquoi tu dois accepter la nature féminine et ne pas passer ton temps à te plaindre des femmes ?

Au lieu de me plaindre de ce qu'il se passe, en tant que coach en relation et coach de vie, j'amène des solutions. Décrire un problème et ne pas apporter de solutions est pour moi non productif : que tu veuilles être en couple, te marier, avoir plusieurs "sex friendz", je suis là pour te donner la méthode qui t'amènera à tes fins. La polémique sur la nature féminine n'a pas lieu d'être, mais ne doit pas être un sujet de frustration pour des hommes qui veulent assouvir leurs besoins biologiques. Lorsque tu passes tes journées à regarder des vidéos négatives sur la nature féminine sans travailler sur toi-même et devenir l'homme que les femmes choisissent, c'est le chemin des frustrés, car au fond de nous, nous recherchons tous la compagnie féminine, simplement n'en fait pas le focus de ta vie. Les femmes ne sont pas mauvaises par nature, elles sont simplement comme elles sont et ne changeront jamais. L'attitude de beaucoup d'hommes est qu'ils voient dans les femmes "le sheitan", "le diable" ou autres entités démoniaques. C'est faux, c'est que simplement la majorité des hommes ne connaissent pas la nature de la femme et se risquent à entrer dans des mariages, relations ou autres simplement pour suivre la mode ou les impératifs sociétaux. Ils se retrouvent divorcés, trompés et humiliés simplement, car ils ne connaissaient pas les règles du jeu. Les femmes sont simples à comprendre, l'essentiel est de ne pas tomber dans la matrice de Disney et autres romances. Les femmes sont simplement survivalistes et constamment à la recherche du meilleur deal (qui était contenu à l'époque par la Tradition pour avoir une bonne structure familiale et des pays solides), si toi tu deviens la meilleure personne que tu peux devenir, tu n'auras aucune concurrence, si de plus tu y rajoutes ta connaissance de la psychologie féminine alors tu seras imbattable sur tous les points. Tu préfères te plaindre ou jouer avec les règles du jeu? Se plaindre n'a jamais amené nulle part mis à part sur les sentiers de la frustration et de la défaite. Accepte les choses telles qu'elles sont et agis pour ce que tu veux. Rien n'est tout noir comme rien n'est tout blanc. Sois sévère envers toi-même et ne calcule pas les actions des autres, tu es l'acteur de ce que tu veux.

5. Ton argent et ta sérénité valent mieux que le sexe

Comprends que de nos jours, à cause de l'hypersexualisation, les hommes placent une importance trop grande en le sexe. Je comprends que pour un jeune homme plein de force et de vigueur l'envie de se reproduire est forte, mais cela ne doit pas te faire dévier de ton but dans la vie et de tes priorités, faire du sexe son but dans la vie est la porte ouverte à beaucoup de catastrophes et c'est le chemin vers la pauvreté. Le temps est la chose qui a le plus de valeur dans ta vie et le passer à courir après les femmes est une mauvaise idée.

Normalement, une relation romantique entre un homme et une femme doit se passer sans efforts. C'est là qu'il faut que tu prennes la décision suivante: mon rapport avec cette femme me facilite-t-il la vie ou est-ce que ça m'amène de la négativité? Vois toujours tes interactions avec le sexe opposé comme une transaction. Si tu perds plus que tu gagnes, alors il te faut te barrer sans hésiter. Le sexe par rapport à ta santé mentale est vain. Apprends à couper tes pertes. Parfois, la fuite est la meilleure stratégie – comme le disent les Chinois – pour sauver ce qui est le plus important dans ta vie. Ne place pas autant d'importance dans le sexe que ce qui te rend heureux.

Il faut que tu aies un ordre de priorité dans ta vie, le sexe devrait être en 3-4ème position. C'est peut-être pourquoi ta vie sexuelle est si pauvre, car les femmes n'aiment pas les hommes qui les placent en priorité dans leur vie. Comprends que les hommes veulent le sexe et les femmes ont besoin de la validation et de l'attention des hommes : comprends le rapport de force et que tu as l'avantage sur le Marché Sexuel. La stratégie des boloss est simplement de persister, donner son attention, payer en l'espoir d'avoir du sexe et être des toutous esclaves de leur désir : efface ce logiciel de ton esprit avant de commencer à appliquer ce savoir dans ta vie. Les femmes sont simplement un plus dans ta vie. J'insiste incessamment sur ce point, car beaucoup d'hommes perdent les pédales et leur portemonnaie dans leur désir de sexe. Aie un ordre des priorités, avoir beaucoup d'options est certes flattant, mais je n'ai jamais eu plus d'argent en niquant beaucoup de femmes. Focus sur ce qui est important pour toi.

Si tu n'es pas prévoyant et que tu ne connais pas le savoir de la réalité, les femmes vont te coûter ta sérénité et ton argent, et tout le sexe du monde ne vaut pas même la plus belle des femmes. Retiens bien ça.

Les femmes sont comme le climat qui change, elles viennent, repartent et ne sont jamais stables. Toi, si tu augmentes ta valeur en devenant un homme de haute valeur, alors comprends que tu as un socle pour le restant de ta vie. Ne sacrifie pas ton avenir dans l'espoir de te vider. Le sexe est facile à avoir de nos jours, et pour les femmes, je vais te faire une confidence, elles le font de manière régulière avec plusieurs hommes qui eux ne donnent pas autant de valeur que toi tu essayes de le faire, rationalises ton comportement et ne te laisses pas emporter comme un boloss assoiffé de sexe.

Si une femme te coûte ne serait-ce qu'une seule de ces deux choses, alors il faut prendre la décision de la larguer. Cela sonne comme froid et sans coeur, mais ton argent et ta sérénité sont un prix trop élevé. Ces deux choses n'ont pas de prix et comme je te le dis, la femme doit être un complément positif pour ta vie, pas un boulet ou une source de soucis. Tu es un homme, tu dois prendre la responsabilité des femmes que tu laisses entrer ou sortir de ta vie.

Faire des femmes et du sexe la priorité de ta vie est une stratégie perdante sur le long terme.

6. Ambition – Confiance en soi – Assurance: ces qualités-là viennent de ton but dans la vie

Pourquoi tant d'hommes ont de difficultés à ne serait-ce qu'interagir avec le sexe opposé?

La réponse est simple, la majorité des hommes se contentent de médiocrité dans tous les domaines, les hommes modernes sont devenus paresseux, lâches et hypersexualisés (font du sexe la priorité de leur vie). Je ne suis pas là pour te dire qu'il faut être un moine, au contraire, si tu as vu les vidéos de la chaîne, ce n'est pas le message que je promeus. Simplement, ce qui fait qu'un homme est un homme, c'est ces passions, son but et ce qui l'anime. Si tu n'as pas de but, alors tu ne peux pas gravir les échelons et avoir une estime de toi-même au niveau de ce que tu veux accomplir avec le sexe opposé. La confiance en soi vient du programme que tu mets en place chaque jour où tu inclus ton but dans l'équation (ça sera le sujet d'un autre livre qui va bientôt paraitre). La fierté et la haute estime de toi que tu auras par tes accomplissements te donneront l'assurance nécessaire pour avoir du succès avec le sexe opposé, les gens et plus particulièrement les femmes sont attirées par un homme bien dans sa peau: tu attires ce que tu es, pas ce que tu veux.

L'ambition est une qualité rare chez les hommes modernes, et ce qui est rare est cher. Tu te places automatiquement dans la case des 10 % d'hommes lorsque tu as ce trait de caractère. Comprends aussi que les femmes sont autant attirées par un homme ambitieux et pauvre que par un riche. En somme, c'est le potentiel d'être de haute valeur qui attire les femmes. Les femmes aiment les choses qui progressent du côté d'un homme. Voir un homme stagner ou pire régresser, c'est le début de la fin. Combien d'hommes, lorsqu'ils perdent leur travail et donc leur confiance en eux voient leur femme partir avec le prochain gars aligné? C'est courant. Les femmes agissent avec leur instinct de survie, la grande majorité ont toujours une route de secours, que tu le saches ou pas.

Confiance en soi, c'est un des traits de caractère les plus sexy qu'un homme puisse avoir. Le problème chez la plupart des hommes est qu'ils fakent ce trait de caractère et donc essayent de surjouer en employant des stratagèmes pour attirer des femmes : la drogue pour l'inhibition, les grosses voitures ou essayer de mettre un nez de clown pour faire rire. Comprends que ton attention elle-même a beaucoup plus de valeur que tu ne le penses pour la gent féminine. Une femme a BESOIN d'attention masculine, l'homme VEUT le sexe. Si ta confiance en toi est foireuse, alors il faut travailler sur toi et sortir de ta zone de confort. Tu augmentes ta VMS puis tu te mets en zone inconfortable en accostant des femmes. « La pratique est la mère des compétences » (cf. Aristote). Pas besoin de faire de chichi ou d'espérer que tout te tombe sur un plateau. Et si tu as peur d'être rejeté, alors c'est que tu ne te trouves pas d'assez haute valeur, car le fait d'être rejeté ne doit toucher ton ego. Dis-toi que c'est sa perte, car tu as bien plus de valeur que n'importe quelle femme.

L'assurance, c'est le fait de savoir ce que tu veux, trait très attractif. Les femmes aiment les hommes qui vont droit au but et qui savent ce qu'ils veulent. Je vais te donner une anecdote. En 2011, je sortais avec une étudiante en médecine qui venait d'une famille de riches. Je n'avais qu'un lit, une télé et un ordinateur, même pas de frigo, j'étais fauché comme jamais, mais elle passait du temps avec moi et me satis-faisait. Tu vas me dire pourquoi, car j'avais l'assurance et la confiance en moi, le look aussi, mais j'aurais pu être le plus beau des gars, si je m'étais comporté comme un bolloss, alors elle aurait fui. Les femmes réagissent au comportement masculin, car elles sont programmées pour suivre un homme.

7. Les réseaux sociaux et la destruction de la famille

Les réseaux sociaux et leur explosion dans les années 2010 ont tota-lement changé la donne dans les rapports homme/femme. Le spam d'attention que les femmes recevaient d'un homme ou des hommes du quartier/ville, etc. a considérablement diminué : les femmes ont vu une horde de bolloss déverser leur attention gratuitement en espérant des faveurs. C'est l'égo surdimensionné que la plupart des femmes ont de nos jours.

En rajoutant à ça l'effet des séries télévisées où la femme n'est plus à sa place et est dans un shéma drame – bad boys – contrôle de la relation, tu ne pourras pas changer la femme moderne et il faut que tu acceptes la réalité telle qu'elle est : sois un homme moderne pour des femmes modernes. Si tu agis avec un schéma des années 50 avec des femmes qui ont eu des tonnes de partenaires sexuels, qui pensent qu'elles sont supérieures aux hommes et qui ont le syndrome de la princesse, alors tu t'exposes à beaucoup de drames. Il faut que tu t'adaptes au marché actuel. Existe-t-il des femmes bien ? Oui. Mais elles sont rares à notre époque. La grande majorité du marché est dominé du côté des femmes par des femmes de basse valeur (90 %) et du côté des hommes d'une grande partie de SIMPS (95 %). Un SIMPS est simplement une personne qui recherche la validation de la femme et qui est prêt à tout pour tomber dans les bonnes faveurs de la femme. Ils opèrent dans un schéma de peur et de recherche de l'approbation de la femme. Si tu connais ce savoir, tu te distingues d'une grande majorité d'hommes efféminés dominés par leurs pulsions.

De plus, les options sont à une portée de doigt ou de SMS. Une femme peut avoir une double relation, une en virtuelle via les réseaux sociaux et une en réel avec son mec. C'est très facile de jumper sur le prochain mec pour les femmes de nos jours : la technologie a totalement changer la donne dans les rapports humains. C'est cette même technologie qui a donné tant de pouvoir aux femmes qui est aussi la malédiction de la femme moderne : le paradoxe du choix. En effet, les femmes ont tellement de choix qu'elles ne savent plus qui choisir, et si tu rajoutes leur nature hypergamique (toujours à la recherche du meilleur deal) et leur impossibilité à être en couple par leurs trop nombreux partenaires sexuels, alors les femme se trouvant avec un choix quasi illimité se retrouvent dans l'impossibilité de ne rester qu'avec un seul homme : la majorité pense que l'herbe est toujours plus verte dans le champ d'à côté. Le paradoxe du choix a frustré la grande majorité des femmes qui croulent sous un choix illimité d'options, mais ne pouvant en choisir aucune. À l'avenir, on trouvera une grande majorité de femmes seules et frustrées, car dans cette impossibilité de faire un choix d'homme.

Les likes, les messages instantanés, les demandes d'ajout en amis et autres ont fait que les femmes se retrouvent avec des options illimitées. C'est pour cela que dans ce chapitre je mets l'accent pour que tu deviennes la meilleure "option" pour le genre féminin, comme ça tu sortiras du lot des 90 % de boloss sans valeur sur le marché sexuel. Un homme de haute valeur est rare de nos jours, il faut impérativement que tu deviennes la meilleure version de toi-même, pas pour attirer des femmes, mais, car c'est ton but en tant qu'homme, les femmes ne sont que le résultat de ce que tu entreprends pour améliorer ta vie. Agir simplement pour attirer des femmes est une attitude de boloss, car tu les mets sur un piédestal. Certes, le but de ce livre est d'optimiser tes options et te faire comprendre la dynamique homme-femme, mais pas pour que tu deviennes un esclave du sexe féminin !

Pour en revenir au sujet :

La formule secrète ? Look, argent, statut, confiance en soi.
Les phrases de drague n'ont plus lieu de nos jours.
C'est une époque dépassée.
Ceux qui s'adaptent gagnent.
Ceux qui se plaignent restent frustrés.
Et ceux qui agissent réussissent.
Pas de place pour les pleurnichards. Adapte-toi ou branle-toi.

CHAPITRE 2
CRÉER L'ATTRACTION

1. Rencontres – Comment aborder

Comprends un facteur essentiel, c'est qu'il y a plus de femmes sur Terre que d'hommes. Les femmes sont nombreuses et en abondance. La chose qu'il faut que tu comprennes est que si tu as amélioré ta vie sur tous les plans (financier, mental, spirituel et physique), tu es en position de force pour créer de l'attraction. Un homme de valeur est rare de nos jours. Tout comme les femmes de valeur. Où rencontrer des femmes ? La réponse est simple : partout. Mais bien sûr il y a des lieux bien plus propices que d'autres pour faire des rencontres. Beaucoup se plaignent de ne pas rencontrer de femmes, mais pourquoi te plains-tu alors que tu passes tes journées devant une console de jeux et à swiper sur des applications de rencontre ? Il faut que tu sois actif dans ta vie et que tu aies une vie sociale. On n'a rien sans rien. Les femmes sont partout. Je vais te donner tous les lieux où tu peux faire des rencontres et leur degré de fiabilité si tu veux avoir du succès.

1- Le voisinage. Succès élevé.

Dans la vie de tous les jours, comprends que des gens que tu ne connais même pas te connaissent et t'observent. Surtout si tu as augmenté ta VMS. Les femmes de ton voisinage parlent entre elles et discutent du type de mec qu'elles ont croisé, couché avec, etc. Le voisinage est le terrain fertile pour de nouvelles rencontres, surtout si tu as déjà eu à faire à certaines de tes voisines, celles-ci te trouveront encore plus attractif (présélection féminine). Souvent, les choses les plus simples sont les meilleures. Ne recherche pas des endroits extravagants pour faire des rencontres, ton voisinage, ta barre d'HLM, ton pâté de maisons ou encore ton ascenseur sont des endroits idéaux pour faire des rencontres ; de plus, la femme à le plus souvent sa garde baissée lorsque tu es une personne familière, et pas un homme inconnu au bataillon qui traîne dans les bars !

2- Lieux de travail. Succès élevé. Mais risque pour ta carrière professionnelle.

La mixité a fait que les hommes et les femmes travaillent ensemble. La plupart des gens passent plus de temps au travail que chez eux. Rien de mieux pour créer des opportunités, car c'est en passant du temps avec des personnes que l'on créer des affinités. Je te mets en garde de suite qu'il y a des risques en ayant des rapports avec des femmes de ton travail, ça m'a couté personnellement beaucoup d'opportunités dans le domaine professionnel pour évoluer dans certains postes, mais il faut que jeunesse se passe. Si tu es malin, tu peux gérer, mais je te mets en garde. À toi de voir.

3- Les amies de tes amis. Succès élevé.

Les femmes sont toujours dans la présélection, ce que pensent les autres femmes et les opinions que les autres femmes leur donnent d'un homme est très important. Les cercles d'amis sont un bon moyen de faire des nouvelles rencontres, car les autres en parlant de toi te donnent du crédit, et tu as fait ¾ du travail. La plupart du temps, les gens sortent avec les amies de leurs amis. C'est une des voies les plus faciles. Haut niveau de succès.

4- Lycée/Université/Centres de formation

Tout comme dans le secteur professionnel, tu crées des opportunités, car tu crées naturellement des affinités et ce sont des lieux propices pour la mixité.

5- Bar, boîtes et restaurants. Succès élevé à moyen.

Pourquoi les femmes vont dans les bars, restaurants et boîtes ? Il y a quatre raisons principales. De un, elles veulent simplement de l'attention. Les femmes aiment l'attention que les hommes leur portent. Elles se sentent valorisées, car elles ont fondamentalement une basse estime d'elles-mêmes et sont peu confiantes. De deux, simplement de la validation et un boost d'égo. Elles veulent simplement se sentir désirées en flirtant avec un maximum d'hommes et en rejeter un maximum. C'est étrange, mais c'est la nature féminine. De trois, pour avoir des verres gratuits et avoir leur fun. Beaucoup de bolloss vont en boîte et prennent des bouteilles en espérant attirer des femmes en payant des verres, ces gars-là ne sont que des utilités et des perdus. Et de quatre, pour rechercher un gars. Ce n'est pas la majorité des femmes, mais il y a des femmes qui vont en boîte simplement pour rechercher un mec avec qui passer la soirée et plus si affinités. Malgré tout, à notre époque, la plupart des gars qui vont en boîte rentrent chez eux les couilles pleines.

Comprends en voyant tous ces facteurs que les boîtes sont une source de meufs, mais je la qualifierais de moyenne au vu des trois premiers éléments.

6- Clubs de sport. Succès moyen.

Les clubs de sport sont les nouvelles boîtes. La plupart des femmes vont dans les salles de sport pour simplement de la validation et de l'attention. Tu les vois avec des pantalons de yoga faire des poses et essayer d'attirer l'attention. Beaucoup de mecs vont aussi dans les clubs de sport pour chasser de la femme, car c'est bien sûr là-bas que tu trouves la plupart des femmes les plus belles. Je dirais tout comme les boîtes et les bars, le succès est moyen au vu de la nouvelle dynamique qui s'est établi, mais il y a des opportunités.

7- Draguer dans la rue. Succès moyen et faible.

Les dragueurs de rue n'ont pas compris que la donne a changé et que le comportement féminin aussi. Les dragueurs de rue sont perçus comme des mecs dans le besoin et ayant peu de succès avec les femmes. Les femmes ont une position de pouvoir dans les rapports homme – femme, en effet elles donnent l'accès à leur partie intime à qui elles veulent. La drague de rue marchait du tonnerre il y a 20 ans quand les femmes n'étaient pas si sollicitées par la nouvelle armée de bolloss sur les réseaux sociaux. Je ne dis pas que la drague de rue ne marche pas et si ça te dit d'enchaîner les abordages libres à toi, mais je suis ici pour te donner ce qui marche, pas ce qui risque de foirer. Tu peux facilement avoir des numéros, mais comprends que les femmes dans la rue ne sont pas pour la plupart du temps opérationnelles pour faire des rencontres. Elle va peut-être au médecin, est stressée par son travail, vient de se disputer, etc. Libre à toi si tu veux aborder, mais ceux qui disent que c'est pour bâtir sa confiance en soi via le sexe opposé, je dis pourquoi as-tu besoin de rechercher à prouver que "tu sais le faire", de rechercher la validation et l'attention féminine pour te sentir confiant ? Réfléchi sur toi-même si tu penses comme ça.

8- Réseaux sociaux et applications de rencontre. Moyen à très faible.

Les réseaux sociaux sont inondés d'hommes qui passent leurs journées à envoyer des dm à des femmes, mettre des likes, commentaires, etc. en espérant passer dans leurs jupons. La règle de l'offre et de la demande a fait que les hommes qui envoient des dm à des femmes sont automatiquement perçus comme des bolloss et d'autres assoiffés de la chnek. Surtout si tu n'as pas reçu des signaux d'attraction (likes sur tes photos, message envoyé par la femme en premier, commentaire sous tes photos, etc.).

Les applications de rencontre sont un vecteur de validation et d'attention gratuite qu'une femme peut recevoir facilement. Peu des femmes que tu vas rencontrer sur les applications de rencontre sont opérationnelles et en moyenne il y a 80 hommes pour 10 femmes. Même en étant le plus beau, statut etc. tu auras toujours une grosse concurrence et un taux de ghosting/posage de lapin élevé. Je n'en ferais pas une source principale d'options.

Comment aborder?

Approche chaude quand signaux d'attraction :

L'approche est bien plus facile que tu le penses. On t'a mis dans la tête qu'il fallait faire le clown ou le mec trop gentil pour essayer de passer dans les jupons de la femme. C'est débile. Ce paragraphe sera court, car ça ne demande pas de grande capacité pour donner son numéro à une femme, juste un minimum de couilles. Lorsque tu vois qu'une femme te regarde de façon insistante, la meilleure manière de l'aborder est d'aller lui parler et simplement lui dire " Salut comment ça va ? Tu habites ici ? ----- entame une légère discussion et demande lui sont prénom (le mot le plus beau pour une personne est son prénom) présente-toi (moi c'est un tel) et ensuite METS TES INTENTIONS AU CLAIR : "Bé écoute viens on se capte un de ces quatre quand tes dispo, ça te dit ? ------" si c'est bon, tu lui donnes ton numéro. Et après reprends ton chemin.

Pourquoi donner son numéro : simplement lorsque tu sais que l'homme est le prix et que la femme doit donner une réciprocité à l'intérêt que tu lui portes, il faut faire en sorte qu'elle aussi fasse en effort pour se mettre dans ton orbite. Demander le numéro est pour moi comme le fait de mendier alors que tu as beaucoup à apporter. De plus tu mets la femme dans son ordre naturel de te courir après. Lorsqu'elle initie le contact avec toi elle te court après inconsciemment. De plus, tu te distingues de 95 % des hommes qui eux demandent le numéro et le texte dans les minutes qui suivent. Il faut toujours agir de manière contre-intuitive avec les femmes, le formatage de la société où on te dit qu'il faut que tu joues des pieds et des mains pour impressionner une femme, lui prouver ton amour, etc. est bel est bien la porte ouverte vers l'échec.

Point fondamental : regarde toujours la femme dans les yeux, n'ai pas l'air trop intéressé comme un toutou, ne force pas, ai les épaules en arrière, n'essaye pas de l'impressionner. Fais les choses simplement. Comprends qu'être "couillu" est très attractif pour les femmes, les femmes n'aiment pas les hommes peu sûrs d'eux-mêmes et qui ont peur de les aborder. C'est simplement une femme, c'est elle qui devrait se sentir intimidé par toi. Agis de manière assurée et confiante en toi. N'aies pas peur du fait d'être rejeté. Souvent c'est en prenant des râteaux qu'on apprend.

Approche froide quand pas de signaux d'attraction :

Ce n'est pas ma méthode préférée, mais j'ai eu quelques succès dans ce genre d'approche. Simplement que je n'aime pas perdre mon temps et donner mon attention/validation à des femmes qui vont possiblement me faire perdre mon temps. Mais c'est une méthode qui marche. Comprends que 80 % du temps tu vas te prendre un râteau ou elle va te trouver une excuse pour tracer son chemin. De plus je trouve que ce genre d'approche te fait passer pour un mec dans le besoin et sans grand succès avec le sexe opposé, pais c'est comme tout, on ne peut pas être catégorique à 100 %.

Comment faire une approche froide sans passer pour un mort de faim ?

Plusieurs méthodes : Simplement que tu vas aborder la femme en trouvant une excuse, n'agit pas de façon intéressée, demande-lui une rue ou où se trouve un restaurant, etc.. Parle avec elle comme dans le point numéro 1 c'est-à-dire tu commences à lui demander son pré-nom et lui poser deux trois questions, ne t'éternise pas pour ne pas perdre ton temps, puis comme dans le chapitre "Approche chaude" tu lui dis "bé viens on se capte un de ces 4 si ça te dit, j'aimerai bien faire ta connaissance, tient mon num" et tu suis le plan.

2. RDV – Ou plan

Dans ce chapitre je vais te donner les clés pour ramener une femme chez soi le premier soir ou avoir un rapport avec elle le plus rapide-ment possible. Je vais te donner aussi les clés si tu es plus soft et que tu es un mec pas aussi direct, c'est-à-dire prendre un verre et faire connaissance et plus si affinité. Personnellement, je n'aime pas perdre mon temps en faisant des dates, mais si tu es plus "old school" alors je vais te donner la méthode.

1) Les dates

Fondamentalement un date c'est avoir rendez-vous dans bar, restaurant ou un parc pour faire connaissance avec une femme. Ma règle est simple si tu veux faire un date, premièrement tu n'invites jamais une femme avec qui tu n'as jamais eu de rapport dans un restaurant pour manger, beaucoup de femmes utilisent des mecs pour des repas gratuits alors qu'elles ne sont pas intéressées juste pour passer le temps et se remplir le ventre gratuitement pendant qu'un mec arrive chez elle pour passer la nuit avec elle. Si tu veux aller dans un restaurant, tu peux le faire avec ta copine, une femme que tu fréquentes depuis un bon bout de temps et qui t'a prouvé qu'elle mérite que t'ouvres ton porte-monnaie : rien n'est donné, tout est mérité. De deux, c'est toujours dans un bar ou un parc, et si tu vas boire un verre tu ne payes rien, les femmes sont maintenant autonomes et on leur propre argent, et tu n'investis pas dans une chose qui n'est pas sûre, en effet il se peut qu'elle voulait simplement passer simplement le temps, donc pour tester son réel intérêt et ces intentions tu la laisses investir. Troisième point, fais en sorte que les rdvs soient d'un coup minimum.

La règle des deux dates :

Si tu as un rendez-vous avec une femme, il faut que tu te dises que c'est au bout de deux rendez-vous max que tu vas avoir des rapports avec elle, ne fais pas le tocard à faire une dizaine de rendez-vous sans avoir tâté la marchandise. Si au premier rendez-vous tu n'as pas conclu en faisant tes mooves, alors tu vas simplement une semaine après le premier rendez-vous lui proposer de se voir prendre un verre. Point important : après le premier rendez-vous, ne passe pas des heures au téléphone, messages et autres contacts via réseaux sociaux, sinon tu risques d'être mis dans la friendzone. Ce qu'il faut que tu fasses dans ce cas c'est simplement faire marche arrière et si elle veut entamer une discussion tu envoies deux trois textos max et tu lui dis "tu es dispo quand on va se reprendre un verre". Sers-toi du téléphone pour placer les rdvs, sinon tu vas tuer l'attraction.

Après le deuxième rendez-vous, si tu n'as pas encore eu l'opportunité de faire tes mooves, il faut que maintenant tu joues le jeu. Plus de date après le deuxième rendez-vous, si elle veut te voir tu lui proposes de se voir chez toi ou chez elle (personnellement je n'aime pas ramener de femmes chez moi je préfère me déplacer). Et là tu peux te mettre en position de la séduire.

2) Plan C

C'est très simple, mais ça va te coûter des femmes que tu aurais pu avoir dans ta rotation en simplement faisant des dates, mais personnellement je n'ai pas le temps pour faire de multiples dates et personnellement j'aime avoir ce que je veux d'une femme sans jouer au jeu du chat et de la souris. La méthode est simple, il faut que tu sois direct sans être trop direct, je m'explique. Il faut simplement que tu fasses comprendre à la meuf par ton attitude que tu veux du sexe d'elle par simplement la mettre en position de lui faire comprendre ce que tu veux. Des exemples : " Je suis dispo tel ou tel jour on peut se capter chez toi ou chez moi" "Appelle-moi un de ces quatre on se capte tous les deux" "j'suis libre ce soir tu peux passer", il faut être direct, mais à la fois subtile, car les femmes ne sont pas bêtes, elles savent quand tu leur proposes de se voir de manière aussi directe que tu veux avoir du sexe avec elle. Crois-moi beaucoup de femmes apprécient ce genre de comportement, car elles sont fatiguées d'avoir à faire avec des mecs peu sûrs d'eux-mêmes. Beaucoup de femmes ne sont pas en désaccord aussi d'avoir un peu de fun malgré qu'elles soient en couple/ mariées, etc.

N'ai pas honte de dire à la femme que tu vois d'autres femmes, que tu ne recherches rien de sérieux, les femmes aiment les hommes francs et honnêtes dans leurs intentions.

Quelques points de détail :

1- Ne jamais rappeler en premier une femme que l'on garde en plan après le rapport, lui laisser le champ libre pour qu'elle soit dans son féminin et recherche ta validation.

2- Rationner son attention non sexuelle, aller droit au but quand elle te contacte.

3. Comment interagir avec une femme

Les coachs essayent de vous mettre dans la tête qu'il faut être un clown, la divertir, essayer de la faire rire ("femme qui rit, femme dans son lit"), mais c'est une perte de temps et cela te met en position de faiblesse. Tu vas me dire pourquoi, c'est simple, tu es en position de femme si tu as cet esprit. Je ne te dis pas que tu ne pourras pas avoir de femme en les faisant rire, mais simplement tu ruines le respect qu'elle va avoir de toi, point fondamental à rajouter, ne soit pas un Terminator, trop sérieux, tu peux avoir un certain sens de l'humour, mais ne te transformes pas en Coluche ou en singe dansant : garde ton cadre masculin. Chercher à impressionner une femme en jouant des pieds et des mains prouve simplement que tu es un mec qui a peu confiance en lui et que recherche la validation de la femme.

Clés pour le cadre masculin : Regarde toujours dans les yeux et ne baisse jamais le regard devant une femme, sans pour autant avoir le regard d'un psychopathe. Pose des questions. Laisse la femme parler 80 % du temps. Recadrer la femme lorsqu'il y a une blague déplacée sur un sujet qui te tient à coeur (blague sur les origines, etc.) ou si elle arrive en retard. Recadre toujours une femme, sinon elle perdra foi en tes qualités masculines et te verra comme "trop doux". Et si la femme ne respecte pas ton cadre masculin, il faut que tu aies l'habilité de te barrer et lui dire de passer une bonne soirée (augmente l'attraction).

Les femmes sont attirées par le mystère. Pas qu'il faille être muet, mais RESTER VAGUE dans la discutions pour laisser l'imagination de la femme prendre le dessus, tu possèdes l'esprit de la femme lorsqu'elle doit s'imagine et se poser des questions à ton sujet.

Langage corporel : ne sois jamais recroquevillé sur toi-même comme un peureux. Ai l'air décontracté, comme un tigre au repos.

Les points essentiels à retenir : il n'y a rien de compliqué lorsque tu interagis avec une femme : laisse-la parler 80 % du temps, guide l'interaction, soit masculin, mais avec un sens de l'humour. N'essaye pas d'avoir un état d'esprit où tu dois la divertir et chercher à la faire rire. Regarde-la toujours dans les yeux. Soit vague sur tes activités (le mystère ouvre l'intérêt d'une femme). N'ai pas l'air de faire une interview avec la femme, soit léger et cool tout en restant mystérieux. Le langage corporel est très important : soit quelqu'un qui a l'air ouvert et confiant (épaules en arrière).

4. Les signes d'intérêt d'une femme

Tu peux diviser les signes d'intérêt d'une femme en trois parties : faible, moyen et élevé. (Voir ma vidéo "les 3 signes d'intérêt qu'une femme peut avoir")

Niveau faible : (en IRL) la femme ne te regarde pas, ne te sourit pas, quand tu lui parles tu es la dernière de ces priorités, elle ne te fait pas face, ne te pose pas de question, en gros elle ne te veut pas. Si tu insistes, elle peut vite s'énerver, te trouve une excuse pour ne pas continuer la discussion. Aucune confirmation d'attraction avérée.

(Par message) Elle met du temps à répondre, reste vague quand tu peux la voir en irl, réponse en un mot. Ne réponds pas à tes messages. Aucun enthousiasme. Pas de questions dans des discussions.

Les niveaux d'intérêt faible sont des pertes de temps. Comprends que tu ne pourras pas plaire à tout le monde. Arrête d'insister et laisse-la vivre sa vie, car si tu persistes tu seras bloqué, et en IRL tu finiras au poste. Ai une attitude à prendre ou à laisser, même les stars se prennent des râteaux. Ne prends pas ça de façon personnelle, il y a beaucoup de poissons dans l'océan.

Cas spéciaux : Vampires de l'attention ou femmes recherchant de la validation (niveau faible ou moyen)

Ce sont simplement des femmes qui ont un intérêt fluctuant vis-à-vis de toi (fréquentent déjà un ou plusieurs hommes) et qui ne recherchent que ton attention ou validation. Les femmes sont des êtres étranges, elles évaluent beaucoup l'attention qu'un homme lui porte ou encore plus la validation de celui-ci. Certaines femmes ne se contentent que de la validation d'un homme, mais ne sont pas forcément attirées sexuellement par lui. Le fait que tu sois intéressé par elle lui suffit pour se sentir bien dans sa journée.

En irl : fleuretant et ayant l'air intéressé. Langage corporel ouvert. Recherche la discussion. Pose des questions. Point fondamental à comprendre : c'est simplement une ruse pour t'utiliser pour simplement booster son égo. Lorsque tu veux escalader les choses sexuellement avec elle, elle te repousse simplement : elle joue avec toi.

Par message : elle initie la plupart du temps le contact, agis de manière intéressée, mais te pose des lapins, évite le sujet pour se voir en vrai, recherche ton attention pour rien. C'est frustrant, mais si tu arrives à déceler ça, elle vient juste de s'éliminer. Tu peux augmenter les niveaux d'intérêt de ce genre de femme simplement en l'ignorant ou en la repoussant. Mais cela ne marche que 5 fois sur 10 en moyenne. Mieux vaut jeter l'éponge.

Niveau d'intérêt moyen : (en IRL) la femme entame une discussion et tient la discussion. Elle te regarde dans les yeux. Mais son langage corporel n'est pas totalement ouvert. Elle regarde souvent son téléphone. Probablement elle aime plus ton attention que toi. Pose des questions brèves, mais change de sujet lorsqu'elle est dans la discussion. Si tu lui donnes ton numéro, elle te dit de prendre son snap à la place (recherche un autre orbiteur ou te voit comme une option plus ou moins viable dans l'avenir). Si tu lui as donné ton numéro soit elle ne t'envoie pas de message et si elle te recontacte c'est plusieurs jours après avec un texte assez court "cc cv" "salut toi" "tu fais quoi c'est *****".

(Par message) Elle peut entamer des discussions, mais est rarement disponible pour se voir en vrai. Les discussions sont construites, mais ne mènent à rien et le plus souvent à la friendzone (réservoir d'options, attention, validation et possible passe-temps).

Elle va nécessiter plusieurs dates pour augmenter son niveau d'intérêt. Tu peux te référer au chapitre "RDV - Plan" si tu veux gérer ce genre de femme, mais comprends comme je t'ai dit que tu seras soit une option pour elle (elle est probablement en couple ou voit d'autres hommes) soit un TAA (Temps, Attention, Argent). Si ça te dit de prendre ce chemin, libre à toi.

Niveau d'intérêt élevé: (en IRL) elle te regarde dans les yeux, se rapproche de toi, se touche les cheveux, te fixe souvent, rigole souvent à tes blagues, te touche, accepte d'être touchée, te pose beaucoup de questions, sourit, te propose même de prendre ton numéro, te complimente, te fait face.

(Par message) Répond directement à ton message, te propose de te voir, te demande ta disponibilité, si tu lui demandes de se voir elle lâche tout pour être avec toi, t'appelle en Visio pour te voir (veut voir ton visage, ou si tu es avec une autre femme), t'envoie des coeurs, les messages comportent des questions ouvertes, recherche constamment ton attention.

C'est le type de femme que tu veux. Elles rendent les choses faciles et rentrent dans ton programme. Personnellement ce n'est qu'avec ces femmes que j'ai à faire, le reste je n'ai pas le temps de les entretenir via des dates et autres artifices. Ayez qu'à faire avec des femmes qui vous rendent la vie facile. Ce genre de femme va faire 90 % du travail, que cela soit pour te voir ou avoir des discussions construites avec toi. De plus, elles sont opérationnelles sexuellement et ne jouent pas à des jeux. Leurs intentions sont sincères et l'attraction sexuelle est bien là. Elle est dans son féminin.

5. Faire ces "moves"

Lorsque tu as établi que la femme avec qui tu interagis est opérationnelle et réceptive pour que tu escalades les choses avec elle, comprends qu'elle t'a ouvert les portes, à toi de rentrer. Ce que les jeunes n'ont pas compris des femmes c'est qu'elles aiment lorsque tu es direct et vas droit au but dans l'art et la manière. Ce que les "coachs" en séduction oublient de te dire c'est que la soit-disante séduction est simple et que les femmes sont assez indirectes et très indécisives par nature.

En gros, c'est faire deux pas en avant et un pas en arrière, tu avances graduellement, et si tu rencontres une résistance tu fais un pas en arrière. Tu ne dois pas hésiter à être tactile avec la femme lorsque tu as un rendez-vous et que tu veux la mettre rapidement dans ton lit : simplement pour voir si elle est ouverte et réceptive. Si par exemple, tu commences à lui toucher l'épaule lors de ton RDV, et qu'elle te repousse c'est bel et bien un indicateur qu'elle n'est pas vraiment intéressée par toi. Si au contraire elle te laisse être tactile, c'est qu'elle a un haut niveau d'intérêt. Ne te prends pas la tête à être frustré lorsqu'elle te repousse un peu, agis graduellement, si elle te repousse fais comme si ça ne t'avait pas atteint. Reprends où tu étais, et gagne du terrain, si par contre elle se montre de plus en plus résistante alors abandonne la mission. Si par contre elle est open pour que tu la caresses, prends ces mains en premier et regarde-la, si elle tient le regard alors c'est bon tu peux l'embrasser, si tu gâches cette occasion alors elle t'en voudra de ne pas avoir pris les devants : les femmes veulent que tu prennes les commandes. Ne pense pas trop et va avec le flow ; arrête d'avoir peur d'être rejeté et d'agir comme une fillette, c'est la femme qui devrait être intimidé par toi, pas l'inverse.

Habituellement, donne à la femme 45 minutes avant de faire tes moves, le temps de la laisser parler, de te rapprocher, de tâter le terrain et de sceller le deal. Si tu passes toute la soirée juste à parler alors tu es mis dans la friendzone et tu as détruit la tension sexuelle entre toi et la femme. Tu peux alors rentrer chez toi te mater un film X pendant qu'elle appelle un autre gars pour finir le travail. Ne perds pas ton temps, si elle te veut vraiment alors elle ouvrira les portes, si au contraire elle voulait juste t'allumer, tu l'auras spotté et éliminé.

Escalader sexuellement : il faut être cash et prendre les devants, lorsque tu as passé la première étape, il te faut toucher les parties intimes, mais de manière subtile : embrasse ces oreilles, touche son buste et ces entre-jambes. Comme ci-dessus tu peux t'attendre à des résistances, certaines femmes même si elles sont très libérées sexuellement n'aiment pas être perçues comme des "filles faciles". Donc simplement deux pas en avant et si résistance un pas en arrière. Lorsqu'une femme t'apprécie, elle t'aide : elle va faire en sorte que tu guides l'interaction vers le lit sans pour autant être un homme préhistorique. Les femmes ont tout de même le pouvoir de donner ou pas leurs parties intimes. Ne force pas trop et vas-y graduellement. Si par contre elle est surexcitée alors amène la dans ton lit et dis-lui ce que tu veux tout en restant "séduisant" AKA pas un forceur assoiffé de la chnek.

C'est là que tu as le tiercé gagnant. Rien de compliqué, pas de clowneries ni de chercher à jouer un rôle. Cherche toujours à faire simple : le moins est le mieux avec les femmes, elles ont un don pour voir ceux qui essayent de surjouer et ne sont pas naturels. L'équation est simple : montre ton intérêt et tes intentions dès le début, n'ai pas honte d'être un homme qui aime les femmes ! Simplement, n'agis pas comme un désespéré ou une personne qui pour la première fois voit une femme.

6. Quelle est sa place ?

Lorsque tu as consommé ce que tu voulais avec la femme, les éléments qu'elle t'a fournis vont te permettre de voir dans quelle catégorie tu vas la mettre. Il y a 4 catégories dans lesquelles mettre une femme : 1- Amie Platonique (si ton niveau d'attraction est à 0) ; 2- Simple plan C ; 3- Sex friend ; 4- Relation sérieuse.

> 1- Amie platonique : si tu as donné ton numéro à cette femme et que tu as réussi à avoir un rapport avec elle alors ça n'a pas lieu mis à part plusieurs éléments : elle est horrible au lit, elle t'a dit un truc qui t'a refroidi et tu n'as plus d'attirance pour elle. Alors, dans ces cas-là tu peux simplement disparaitre sans laisser de trace ou bien avoir une relation amicale. J'opte plutôt pour la première option, mais c'est mon point de vue.

> 2- Simple plan C : c'est les femmes de basse qualité (rates de quartier, etc.), ayant un historique douteux et qui ne sont pas plaisantes lorsque tu es avec elles et/ou ennuyeuses. Mais malgré tout tu trouves qu'au lit elle se donne et que physiquement elle est belle. Dans ces cas-là, tu ne la recontactes pas après avoir consommé. C'est pour simplement créer une orbite de femmes qui vont tourner autour de toi, souviens-toi que l'attention est la monnaie d'une femme, si tu lui portes le moins d'attention, elle la recherchera.

3- Sex Friendz : c'est pour moi le top à notre époque. Tu es comme dans une relation avec la femme, tu passes du bon temps. Mais tu fais ta vie et elle fait sa vie. Malgré tout, ne choisis jamais une femme dans la grande promiscuité sexuelle pour atteindre ce niveau. En effet, tu vas naturellement t'attacher et ce genre de femmes sont assez volatiles et peuvent disparaitre du jour au lendemain. De plus, tu ne veux pas te retrouver avec des MST. Si elle est plaisante et que vous êtes d'accord simplement pour être dans ces termes, alors libre à toi de juger.

4- Relation sérieuse : là c'est pour la femme le saint Graal. Elle aura droit à ton attention, ta validation, une partie de tes ressources, ta protection et surtout ton engagement exclusif vis-à-vis d' elle. Si tu penses que c'est une fille bien et qui mérite tout cela alors libre à toi, mais ne soit jamais le premier à lui demander, commences toujours en tant que plan C puis upgrade la lorsqu'elle te demande "qu'est-ce qu'on fait tous les deux", car simplement comprends que lorsque tu es en train de mendier ou même demander une relation à une femme tu es en pleine énergie féminine, de quoi détruire l'attraction qu'elle a pour toi. Ne fais jamais cette erreur, toi en tant qu'homme ton but est de Passer du Bon Temps, Apprécier la compagnie féminine et avoir un rapport à la fin. Le reste, les catégories qui ont un rapport avec les relations sont du domaine des femmes. C'est la femme qui doit chercher à te bloquer, l'inverse c'est la route vers la friendzone.

7. Le langage corporel féminin et masculin.

Ce que l'on t'apprend dans l'art de la communication c'est que les gens ne se focalisent pas forcément sur ce que tu dis, mais comment tu le dis. En somme, c'est la façon dont tu dis les choses qui compte, pas ce que tu dis. C'est la même chose dans les rapports hommes – femme. Comprends que les femmes ont une grande intuition et lorsque tu interagis avec elles, elles cherchent constamment à te mettre dans une des deux cases : soit bolloss soit vrais mecs. L'erreur que les hommes font de nos jours c'est qu'ils essayent de sur-jouer en n'étant pas naturel, c'est que dans le fond ils n'ont pas confiance en eux et ne pensent pas mériter la femme avec qui ils interagissent. C'est que peu d'hommes se sentent d'améliorer leur vie et se sentir heureux et confiants.

Le langage corporel qui attire les femmes : le plus important le contact visuel que tu gardes avec elle, ne baisse jamais les yeux devant une femme (signe de soumission, de faible valeur et de manque de confiance), marcher tranquillement et tête haute (sans jouer à l'arrogant) et les épaules tirées en arrière (sans se la jouer). Simplement c'est que le langage corporel reflète ce que tu penses de toi-même et les femmes veulent être avec des hommes qui ont une grande estime d'eux-mêmes. Beaucoup essayent de faker le langage corporel, mais c'est débile. Il faut que tu passes par la case numéro une (chapitre 1) qui est de trouver un but dans ta vie et te sentir bien et confiant dans ta peau. Je ne suis pas ici pour te dire qu'il faille sortir telle ou telle blague ou autres artifices.

Donc, comprends que tu ne peux pas faker la confiance en toi et il faut que tu sortes de ta zone de confort pendant un certain temps et que tu n'hésites pas à aborder une femme qui te plaît pour prendre l'habitude de communiquer avec le sexe opposé, c'est en faisant que l'on devient et les choses que l'on fait de façon consistante deviennent des secondes natures. Laisse les réseaux sociaux de côté et apprends à avoir de vraies discussions dans le monde réel. Tu as peur des femmes ou tu es trop timide ? Alors là mon cher ami apprend qu'elles ne vont pas te manger et que c'est elles qui devraient avoir peur et se sentir intimidé par toi. C'est l'ordre de la nature.

Points fondamentaux à retenir : ai un langage corporel dominant, c'est-à-dire ouvert, garde 90 % du temps un contact visuel avec la femme, ne soit pas recroquevillé sur toi, sois détendu et laisse-la parler la plupart du temps. Laisse-lui son espace et n'ai pas l'air d'un forceur. Sois toujours en position de force lorsque tu parles avec la femme (ne te laisse pas dominer par tes émotions).

CHAPITRE III
MAINTENIR L'ATTRACTION

1. Si tu veux rentrer dans une relation

Beaucoup d'hommes de nos jours sont dans le besoin d'une relation. Ils n'ont pas compris qu'ils sont le prix et qu'ils ont beaucoup plus à offrir à une femme qu'une femme a à leur offrir. Dans l'ordre naturel des choses, c'est dans l'énergie féminine que de rechercher à suivre (bloquer) un homme. La plupart des hommes de nos jours ne suivent pas leur but dans la vie et essayent donc automatiquement de remplir le vide qu'ils ont en eux par des relations qui la plupart du temps n'ont pas lieu d'être. Demander à une femme une relation équivaut à la mettre off. N'as-tu jamais fait l'expérience, si tu es passé par la phase bolloss, à essayer de plaire à une femme qui t'a mis dans la friendzone en faisant tout pour être dans une relation. Elle se distancie automatiquement, car tu agis comme une femme. Un homme confiant en lui-même et suivant son but dans la vie aura comme dernier souci d'essayer de bloquer une femme dans une relation. C'est la femme qui doit pendant un court laps de temps chercher l'homme qui a le plus de valeur (l'horloge biologique d'une femme est très courte, le pic de fertilité est atteint vers les 23-25 ans) et faire en sorte qu'il prenne soin d'elle et de ces progénitures. Le boulot d'un homme lorsqu'il est en la présence d'une femme doit être de trois ordres : sortir, passer du bon temps et avoir un rapport sexuel. En ce qui concerne tous les labels de la relation, tu laisses la femme aborder le sujet.

Une relation saine ne commence pas dans la friendzone à passer deux ans à parler à une femme. Tu seras simplement l'homme qu'elle garde en plan C ou D pendant qu'elle teste ces autres options avec des hommes dont elle veut vraiment mettre de grappin dessus. Et c'est la pire position qu'un homme peut avoir. Une relation saine commence par une rencontre et faire en sorte que le rapport sexuel soit consommé le plus rapidement possible : c'est là que la vraie connexion s'établit. Lorsque tu as un rapport sexuel avec une femme, ton cerveau relâche automatiquement de l'ocytocine et de la dopamine, c'est la même chose pour la femme. La connexion est maintenant établie. Tu ne crées pas une réelle connexion en simplement donnant ton attention et en essayant d'établir une communication constante sans qu'il n'y ai de rapports. Lorsque tu as eu un rapport avec une femme, celle-ci a investi en toi ce qui te rend encore plus attractif à ces yeux.

Les erreurs de débutant que certains commettent sont d'ordre suivant :

1- ACCEPTER UNE RELATION PLATONIQUE À DISTANCE

C'est une absurdité et c'est contre-productif. Tu n'es simplement qu'une utilité, tu donnes ton attention et ta validation gratuitement sans contrepartie et de plus tu ne sais pas ce que la femme fait pendant son temps libre. Même s'il t'arrive d'avoir un rapport de temps en temps lorsque tu vois la personne en visu tu dévalorises ton attention qui est la chose la plus importante pour la femme. De plus tu n'es pas à l'abri d'un tas de tromperie et de ghosting. Tu n'es qu'un autre orbiteur dans la friendzone la plupart du temps. Cela va te dévaloriser vis-à-vis de toi-même et vis-à-vis de la femme qui te verra au mieux que comme un remplaçant ou dans le pire des cas que comme une utilité. Sois clair dans tes intentions et ne signe pas pour un contrat où tu n'es pas mis en valeur.

2- PARLENT EN PREMIER DE SE METTRE ENSEMBLE = PERTE MASSIVE D'ATTRACTION

Ça parait bizarre pour nous les hommes, mais lorsque tu es le premier à parler d'une relation avec une femme elle perd automatiquement de l'attraction. Ne soit jamais le premier à parler d'un sujet relatif à une relation, il faut que tu laisses la femme en premier te dire par exemple: "où on va tous les deux?" "tu te vois avec moi?" "je me sens bien avec toi et toi?", comprends que les femmes sont très indirectes, et lorsqu'elles te posent ce genre de questions c'est qu'elles veulent passer à l'étape supérieure. Comme je te le répète, laisse toujours une femme aborder des sujets relatifs à la relation. Sinon tu risques de la perdre. Mettre sur la table que tu veux te mettre avec une femme te mets dans ton féminin, car tu sembles être plus sur la femme qu'elle ne l'est sur toi, de plus tu n'agis pas comme un homme qui a des options en essayant de mettre le grappin sur une femme. Il faut simplement que tu passes du bon temps avec la femme et que tu la laisses te proposer son exclusivité, à toi de faire ton choix après qu'elle t'ai proposé le deal.

3- ÊTRE TROP FOCALISÉ DANS LA RELATION OU VOULOIR RÉPARER LA RELATION = PERTE MASSIVE D'ATTRACTION

Les relations et les connexions sont du domaine de la femme. Prendre des consultations de thérapie en relation, thérapie de couple, etc. Vont mettre off ta femme, car inconsciemment tu envoies le signal que tu es la personne qui cours après la femme et la relation, tu n'es plus focalisé sur ton but dans la vie et les choses que tu veux accomplir, tu perds du charme et tu rentres dans ton féminin, c'est à la femme de réparer la relation. Tu automatiquement perds de la valeur aux yeux de la femme lorsque tu as une vibe d'homme focalisé sur la relation. Comprends que socialement et biologiquement tu es le PRIX.

4- NE PAS DONNER SON ESPACE A LA FEMME = PERTE D'ATTRACTION

L'attraction grandie dans l'espace, c'est quand tu n'es pas là que la femme pense à toi. Si tu ne fais qu'appeler cette femme tous les jours, la texter toute la journée comme sa petite copine et à vouloir tout le temps la voir comme un toutou qui veut voir son maître, tu vas mettre cette femme off. Créer de la distance entre toi et ta copine: elle te voudra encore plus. Même si cette femme veut tout le temps ton attention, rationne-la, donne toujours aux femmes ce qu'elles ont besoin et pas ce qu'elles veulent : les femmes ne savent pas à quoi elles répondent. Une femme qui est amoureuse veut tout le temps ton attention et ta validation, si tu fais que lui donner celle-ci perdra automatiquement de la valeur. Pas qu'il faille être froid et distant, mais la haute valeur c'est simplement ne pas faire d'elle ta priorité et même si elle est déçue de ne pas recevoir toute ton attention, elle te respectera encore plus et la valeur des moments que tu passeras de visu avec elle prendra aussi de la valeur : LE TÉLÉPHONE SERT A PLACER LES RDV, une connexion émotionnelle ou échanger des informations se fait en face à face !

Les femmes avec qui tu peux avoir une relation :

1- Femmes plus jeunes que toi : c'est un signe de dominance.

2- Femmes qui ont eu le moins de partenaires sexuels possibles : trop de partenaires sexuels empêchent une femme de se connecter sincèrement avec un seul homme (études sur le Pairbounding de l'université de Harvard).

3- Femmes ayant une haute estime d'elle-même : qui ont eu un rapport sain avec leur père et ont vu une dynamique saine entre un homme et une femme.

4- Femmes loyales : si une femme t'avoue qu'elle n'a pas été loyale dans une précédente relation elle se disqualifie automatiquement pour ton exclusivité. La loyauté est le trait le plus attractif chez une femme.

5- Femmes féminines : qui ne recherche pas à prendre le contrôle de la relation, docile et facile à vivre.

6- Femmes traditionnelles : qui s'habillent de façon sobre (ne recherchent pas de l'attention et de la validation d'autres hommes).

7- Femmes pouvant amener de la plu value à ta vie : compétences, travail ou réseaux professionnels.

8- Femmes qui gagnent bien leur vie : beaucoup de femmes recherchent des hommes pour simplement faire la sangsue, une femme de qualité aura ces propres ressources sans forcément être dans le schéma toxique "femme indépendante".

Femmes à éviter pour une relation exclusive :

1- Femmes féministes : recherche permanente de conflits. On un état d'esprit tordu.

2- Femmes en détresse financière : tu vas devoir mettre la main à la poche pour entretenir ces mauvais choix, etc.

3- Femmes avec enfants : tu vas devoir prendre charge d'enfants qui ne sont pas les tiens, et la femme aura toujours un attachement et une ligne "directe" avec le père des enfants : la porte ouverte à beaucoup de coups tordus.

4- Femmes plus âgées : si tu veux des enfants, une femme jeune et fraîche vaut mieux qu'une femme ayant eu un passé.

5- Femmes non-traditionnelles : sorties en boîte entre copines, voyage "seule" et autres comportements disqualifient une femme pour ton exclusivité.

6- Femme qui garde "contact" avec ces ex : elle les garde seulement en tant que plan B, C ou D. Tu ne peux pas être simplement ami avec une personne avec qui tu as eu des rapports intimes, un jour ou l'autre les choses peuvent déraper.

7- Femme qui a beaucoup d'amis hommes : la plupart sont des ex-plans ou simplement des orbiteurs qui nourrissent son besoin d'attention, considère ça comme irrespectueux vis-à-vis de toi si tu es dans une relation exclusive. Cela prouve que ton attention ne suffit pas.

8- Femmes immatures : n'apprécient pas ce que l'homme pose sur la table et sont toujours dans le conflit.

ANNEXE :
DRAPEAU ROUGES À PRENDRE EN CONSIDÉRATION

1- SI LA FEMME A UNE RÉPUTATION DE FEMME FACILE (SAUF PREUVE DU CONTRAIRE, TU GARDES SIMPLEMENT CETTE FEMME COMME SEX FRIEND ET TU GARDES TES OPTIONS OUVERTES SI ATTACHEMENT)

2- SI LA FEMME N'A PAS EU DE PRÉSENCE PATERNELLE : ELLE EST ENDOMMAGÉE PAR LE FAIT DE NE PAS AVOIR EU DE PRÉSENCE MASCULINE DANS SON ENFANCE. TROUBLES DE COMPORTEMENT, ATTITUDE MASCU-LINE ET BASSE ESTIME DE SOI.

3- TROP DE RÉSEAUX SOCIAUX : RECHERCHE PRO-BABLE D'ATTENTION MASCULINE.

4- SOUVENT SUR SON TÉLÉPHONE : COMME LE POINT NUMÉRO 3

Tenir une relation sur le long terme – les bases :

C'est la difficulté que rencontrent la majorité des hommes de nos jours. Il y a plusieurs facteurs permettant d'expliquer pourquoi la majorité des relations ne marchent pas.

Premièrement, la majorité des hommes ne sont pas dans leur cadre masculin. Beaucoup d'hommes étaient des orbiteurs qui attendaient soit dans une friendzone ou bien ont étés les premiers à pousser la femme à être dans une relation.

Deuxièmement, les réseaux sociaux et l'afflux d'options quasi illimités que les femmes peuvent avoir. Il est très facile de nos jours pour une femme d'avoir des orbiteurs qui la nourrissent d'attention et de validation via les réseaux sociaux, ces orbiteurs-là sont simplement des plan B pour la femme.

Troisièmement, l'hypergamie ouverte des femmes modernes. Il y a encore une époque récente, les femmes même si elles ne faisaient que fréquenter un homme ou simplement essayaient de faire connaissance avec lui ne gardaient pas leurs options ouvertes au cas ou si les choses ne fonctionnaient pas avec lui. À notre époque même une femme mariée garde ces options ouvertes et a de multiples "tickets" avec des orbiteurs. Faute à qui ? On peut mettre cela sur le compte du féminisme qui donne le pouvoir aux femmes ou bien encore au manque de sérieux de la plupart des femmes qui voient simplement les hommes comme des utilités. Il serait malhonnête de ma part de te dire que c'est simplement la nature féminine qui est coupable, en effet malgré l'hypergamie je pense que chaque être humain a une conscience du bien et du mal, homme ou femme.

Quatrièmement, l'impossibilité de la majorité des femmes de rester en couple. C'est simple, plus une femme a de partenaires sexuels, le plus il est difficile pour elle de rester loyale. Ce n'est pas un jugement de valeur simplement de la biochimie et de l'anthropologie. Une femme lorsqu'elle a un orgasme, son cerveau libère de l'ocytocine et de la dopamine, c'est ces substances qui créent la connexion entre l'homme et la femme. C'est pareil chez l'homme, mais de nature l'homme est polygame et la promiscuité sexuelle n'atteint pas l'homme comme elle atteint la femme. De nature une femme est à la recherche d'un protecteur et d'un pourvoyeur, alors que l'homme recherche à étendre sa postérité. La promiscuité sexuelle a transformé la majorité des femmes modernes en une cause perdue. Plus une femme a de partenaires sexuels, le plus elle sera susceptible d'être dans l'impossibilité de rester qu'avec un seul homme le restant de sa vie.

Cinquièmement, le manque d'ambitions des hommes modernes. Ce qui attire une femme pour entamer quelque chose de sérieux avec toi c'est ton ambition. Tu n'as pas besoin d'être riche pour qu'une femme te trouve attractif, simplement le fait d'avoir le potentiel de devenir quelqu'un d'important te donne une haute valeur aux yeux de la femme. Le manque d'entrain de la plupart des hommes lorsqu'ils entrent dans une relation fait que ceux-ci commencent à faire de la femme leur priorité ce qui mène à une perte d'attraction de la part de la femme. En somme, l'homme devient féminin et priorise la relation au lieu de ces obligations mondaines.

Sixièmement, le manque d'investissement de la part des femmes dans les relations. De nos jours, l'homme est celui qui investit le plus tant sur le plan financier qu'émotionnellement. Regarde qui paye la plupart du temps dans les relations, même pour les premiers rendez-vous : c'est les hommes. La femme n'ayant pas investi (donc n'a quasiment rien à perdre) peut facilement partir. Dans une relation c'est les leviers qui priment, celui qui le plus investit est celui qui aura le plus de mal à partir. 80 % des relations sont brisées par les femmes à notre époque, car bien sûr celles-ci ont bien plus d'options que les hommes et n'ont que très peu investi.

Dans une relation saine, la femme doit toujours faire plus d'efforts que l'homme pour garder cette relation. Si tu es dans une relation maintenant où la femme que tu vois te demande plus qu'elle ne contribue, tu dois renverser la tendance. C'est simple si tant de femmes quittent leur homme c'est que dans la majorité des cas elles n'investissent rien mis à part du sexe. La femme doit investir ces émotions et financièrement. Les femmes ont tant d'options que si tu ne la fais pas investir en la relation, elle trouvera facilement une autre personne qui à ces yeux sera "meilleure". Tu dois toujours agir dans la réciprocité dans une relation/mariage. Enlève dans ton esprit ce schéma des années 50 où l'homme pourvoit à tous les besoins de sa famille, pas que tu ne dois pas être un homme responsable pour ta famille, mais simplement que tu dois t'adapter à une époque où la nature hypergamique de la femme n'est plus contenue par soit la religion ou la morale. Il faut donc que tu fasses investir la femme en toi et que tu ne fasses pas de cette femme le centre de ton attention/focus.

Une relation saine c'est où une femme fait entre 75 % de l'initiation du contact/textos, des investissements émotionnels et où elle reste dans son féminin : elle recherche constamment ton attention et ta validation. Ton attention doit être focalisée sur ce qui est important pour toi et ta famille : acquérir des biens ou suivre ton but dans la vie. Si à notre époque les relations déraillent, c'est que l'homme par conditionnement croit qu'il doit mettre sur un piédestal la femme et la rendre heureuse, le bonheur est une quête personnelle et ne dépends pas d'une tierce personne. Il te faut être romantique, mais masculin. Là est la difficulté. Il ne faut ni être trop dur avec sa femme ni trop romantique. Il faut faire la part des choses dans toute interaction de couple et la relation ne devrait jamais être ton focus exclusif, les relations sont le domaine des femmes ! Une femme investie recherchera toujours l'attention et la validation de l'homme qu'elle aime, dans le cas contraire c'est que ton mariage/ta relation est en question.

Pour te résumer, il faut simplement que tu passes du bon temps avec la femme, n'entre pas dans une relation par esprit de peur de ne pas trouver d'autres femmes, ne soit jamais le premier à demander une relation d'une femme, comprends que tu es le prix: tu as ton attention, ta validation, ton argent, ta protection, ta présence et ton but dans la vie comme monnaie d'échange contre la soumission de la femme. Ne te dévalue jamais.

2. Construire une rotation (fréquenter plusieurs femmes) – Si tu ne recherches que du fun:

De nos jours, la plupart des hommes n'ont pas compris une chose simple: les femmes sont autant sexuelles que les hommes. Cette image a été véhiculée par les médias depuis la tendre enfance à toute une génération d'hommes qui voient en la femme moderne la pureté et l'innocence. C'est bel et bien tout le contraire. Comprends que 90 % des femmes modernes ont eu beaucoup plus de partenaires sexuels que la majorité des hommes de nos jours. La libération sexuelle en est le premier facteur. Vient le féminisme par la suite et enfin l'explosion des réseaux sociaux qui ont donné à n'importe quelle femme une réserve d'option illimitée. En moyenne une femme de 30 ans a eu près de 30 partenaires minimums. La plupart des femmes de nos jours sont des causes perdues en ce qui concerne avoir une relation long terme de plus de 4 mois sans qu'il n'y ait de tromperies, marches arrière et autres shit test. C'est pour cela que pour tout homme en âge de se marier je déconseille de rentrer dans un mariage ou autre si il n'a pas trouvé la "femme parfaite" (voir le chapitre précédent). Le mieux est soit de se focaliser sur son but dans la vie et attirer le type de femme qu'il désire ou bien s'il veut avoir simplement son fun, de se créer une rotation de femmes.

C'est bien plus facile de se créer une rotation que la plupart des gens ne le pensent. Ils pensent qu'en mentant et en essayant de manipuler, ils vont avoir plusieurs femmes sous le coude, car les femmes seraient dégoutées par les hommes qui ont de multiples partenaires. C'est bel et bien faux. Il faut simplement que tu sois honnête avec la femme, si tu commences à mentir c'est que tu es dans une zone de peur. Il faut simplement que tu te mettes d'accord avec la femme que tu ne veux rien de sérieux, elle appréciera et son niveau d'attraction si elle est opérationnelle pour ce genre de relation grimpera (présélection féminine). Ce qui se passe la plupart du temps lorsque tu es honnête dans tes intentions, la femme va rechercher ta validation, car tu deviens un challenge pour elle. Elle est aussi plongée dans une compétition pour ta validation et te voient de plus haute valeur car d'autres femmes te veulent. Ça m'est arrivé une vingtaine de fois dans ma vie que des femmes avec qui je ne voulais que du fun étaient prêtes à tout pour me mettre le grappin.

1- Sois honnête avec la femme.

2- Dis-lui que tu vois d'autres femmes.

3- N'ai pas peur de la perdre.

4- Si elle te donne un ultimatum pour rentrer dans une relation, laisse-la partir.

5- Si elle s'est montrée féminine et à toutes les qualités pour être une femme en relation, alors tu peux si elle te le demande rentrer dans une relation exclusive avec elle.

Personnellement, dans toutes les relations sérieuses que j'ai eues, j'ai d'abord fréquenté la femme sur un plan non-sérieux, puis les choses se sont faites naturellement, les affinités se créent bien plus vites et sont plus solides lorsque tu as eu des rapports avec la femme. Beaucoup d'hommes restent dans la friendzone pendant des années avec une femme qu'ils désirent, puis celle-ci lorsque ces options ont déserté son radar, elle "fallback" (roue de secours) sur un de ces hommes qui étaient dans la réserve (friendzone), c'est le pire cas dans lequel un homme puisse tomber, car tu as été simplement une roue de secours et il n'y a ni attirance sexuelle, ni respect.

Pour te résumer ce chapitre, tu peux facilement gérer entre 5 et 6 femmes simplement en plan pour du fun, soit honnête avec elle et n'ai pas peur de perdre des femmes. Comprends que les femmes ont une horloge biologique et vont un jour ou l'autre vouloir se poser avec un homme qui peut être une soupape de sécurité après qu'elle ait eu son fun.

3. Que faire quand elle devient distante

Dans tout type de relation que tu auras avec une femme, celle-ci va un jour commencer à se distancer. Les femmes sont des créatures émotionnelles et pour la plupart du temps ne pensent pas, mais ressentent. C'est totalement différent de nous les hommes qui sommes pour la majorité du temps dominés par notre logique et raison. Malgré tout l'attachement du monde, une femme va commencer à faire marche arrière, le plus souvent quand tout va soi-disant bien.

Les signes qu'elle commence à se distancier :

- Elle commence à prendre du temps pour répondre à tes messages.
- Les messages deviennent courts et sans substance.
- Elle trouve des excuses pour ne pas te voir.
- Elle veut passer plus de temps seule.
- Son langage corporel est fermé lorsque tu es en sa présence.
- Est émotionnellement indisponible quand tu es avec elle.
- Pose souvent des lapins.
- Ne réponds plus aux messages.
- Te demande du temps pour elle et de l'espace.

Le secret de pourquoi les femmes deviennent distantes :

- Tentative de prise de contrôle de la relation (femme de basse qualité, masculine et manipulatrice).
- Tu as dit ou fait quelque chose qui relève de la faiblesse (trop dans le besoin, trop d'attention non sexuelle, ne pas remettre en place la femme quand elle agit mal, laisser passer les manques de respect).
- Un orbiteur ou un ex commencent à attirer son attention.
- Tu es trop disponible.
- Tu as fait de la femme le centre de ta vie - donc elle te teste.
- Tu as downgradé sur le plan financier, social ou professionnel.
- Tu ne peux plus pourvoir à sa protection (tu es tombé malade).
- Perte d'intérêt.
- Perte d'attraction.

L'erreur principale que font les hommes dans tous ces cas est qu'ils essayent de courir après la femme lorsqu'elle fait marche arrière. C'est une grave erreur. Ils essayent en plus de raisonner la femme en essayant d'apporter des arguments logiques. Comprends que les femmes sont émotionnelles et plus tu lui cours après lorsqu'elle se distancie, le plus elle va encore plus se distancier (tu as l'air peu confiant, peu de stabilité émotionnelle, et tu es "needy"), pour au final dans le meilleur des cas finir dans la friendzone.

La meilleure chose à faire lorsqu'elle se distancie c'est de faire la même chose. C'est contre-intuitif, car la plupart des hommes ont tendance à essayer de fixer les problèmes. Comprends que la relation est le domaine de la femme, ce que recherche un homme biologiquement parlant c'est suivre son but dans la vie. La femme est là pour le suivre. Il faut donc simplement que tu fasses ce que l'on appelle un effet miroir, tu mimes ce que fait la femme, elle fait marche arrière, tu fais 2x plus marche arrière. Ça marche à tous les coups, car tu fais preuve de force : une femme veut d'un homme qui n'a pas besoin d'elle.

Vois le rapport que tu as avec cette femme comme une corde entre toi et elle, si elle se distancie et que tu lui cours après, la corde ne sera pas tendue. Mais si tu te distancies toi aussi, ça va tendre la corde et créer de la tension sexuelle/attraction entre vous deux, la femme craque en premier et revient encore plus attirée par toi qu'au paravent.

Que faire lorsqu'elle revient après avoir fait marche arrière ? :

- Si tu étais dans une relation exclusive : soit tu ne la reprends pas, soit tu fais comme si de rien était.
- Si tu étais dans une relation "Sex Friends" : pareil que dans le premier cas.

Tout dépend de la gravité de la situation : si elle t'a trompé, il ne faut jamais la reprendre sur un plan sérieux. Si tu as agi de façon féminine, il faut que tu changes de comportement. Attaque toujours à la racine du problème ou le mal va continuer à empirer.

4. Les voies par lesquelles tu détruis l'attraction.

Prends comme postulat de départ que l'attraction se construit dans l'espace que tu crées entre toi et la femme. Pas qu'il faille jouer à des jeux, mais simplement comprends que toi en tant qu'homme, tu dois avoir ta vie à côté de celle que tu partages avec une femme ; comme je te l'ai déjà dit, la nature masculine est de chercher à construire et à rechercher l'excellence dans sa vie, accomplir ces objectifs et rester focus sur ces buts. Si tu places ta relation au centre de la vie, tu vas finir par détruire l'attraction, car tu es dans ton énergie féminine, et donc la femme bascule dans son masculin. Rien de pire qu'être dans ce cas-là. Donnez aux femmes ce qu'elles ont besoin pas ce qu'elles veulent : C'est à dire de la distance et du mystère.

1) Être trop disponible.

Répondre directement aux messages que ta femme t'envoie est un signe de faiblesse pour la femme, cela communique dans ton esprit que tu n'es pas focalisé sur ton but dans la vie et que tu la mets au centre de celle-ci, initier le contact le plus souvent en premier veut dire que tu cours après la relation et que tu es désespéré : tu es en position féminine. Les femmes sont des êtres assez spéciaux : elles répondent au comportement d'un homme. Après que tu aies été intime avec la femme, laisse-là te courir après. Être de haute valeur dans une relation c'est que SIMPLEMENT TU NE FAIS PAS DE LA FEMME TA PRIORITÉ, SANS POUR AUTANT L'IGNORER OU LA DÉNIGRER, MAIS QUE TU AS EN TANT QU'HOMME DES RESPONSABILITÉS A ACCOMPLIR. Croire que c'est en jouant à l'homme distant, à attendre volontairement de répondre à des messages, et que cela va augmenter ta valeur est une erreur, tu dois être occupé et être focus sur des choses qui vont te permettre de te construire un avenir. Jouer la distance marche pendant un certain temps, mais ce jeu devient obsolète sur le long terme.

2) La jalousie.

Les femmes ne perçoivent pas la jalousie comme nous les hommes nous percevons la jalousie. Il te faut comprendre que les femmes perçoivent trop de jalousie comme une insécurité. En effet, la jalousie est une insécurité pour la femme, car tu es dans une zone de peur, tu ne te sens pas assez bien pour pouvoir garder la femme. Lorsqu'elle sent ce genre de comportement, elle va automatiquement se mettre en mode "shit test" pour voir si tu es réellement l'homme que tu prétends être. L'attitude à avoir c'est l'attitude "je t'ai tu es à moi et personne ne peut te prendre, je suis mieux que les autres". Si elle veut partir, dis-lui de partir, si elle te dit qu'elle te donne un ultimatum pour que votre relation passe à la vitesse supérieure, dis-lui de partir: il faut que tu agisses de manière contre-intuitive. Repousse-la pour l'attirer.

Il y a une différence entre être jaloux et protecteur de ta femme. Tenir à sa femme c'est différent de vouloir être trop possessif. Il est normal pour moi d'être possessif dans le bon sens du terme. Être possessif ce n'est pas être contrôlant, c'est savoir qu'elle t'appartienne et qu'aucun autre homme ne touche à ta femme. C'est dans notre nature nous les hommes de vouloir posséder la femme, l'essentiel est de ne pas le laisser trop transparaitre en n'essayant pas de contrôler la femme. Il faut que simplement tu lui fasses comprendre que si elle agit mal il y aura des conséquences: ta perte. Les femmes perçoivent les hommes contrôlant comme agissant d'une zone de peur. Il y a une fine balance entre la jalousie, le fait d'être trop possessif et contrôlant. L'essentiel c'est de ne pas être obsédé par la femme, mais de lui faire comprendre que tu tiens à elle. La femme veut que tu tiennes à elle, mais que tu ne sois pas obsédé par elle. Il y a une grande différence entre ces deux. Si tu essayes de restreindre la liberté d'une personne, celle-ci va automatiquement se distancer.

La meilleure façon de détruire l'attraction et le respect qu'une femme peut avoir pour toi c'est d'être jaloux et de ce fait être dans une zone de peur (contraire de la confiance).

3) Insécurités: anxiété - peur de perdre la femme.

Les femmes perçoivent vite les insécurités d'un homme. Ce n'est pas que tu devrais te sentir "marcher sur des oeufs" lorsque tu es avec ta femme. Mais simplement, comprends que l'anxiété détruit l'attraction. Le trait le plus attractif pour une femme est le fait d'avoir confiance en soi. L'inverse de la confiance en soi est le doute et les insécurités intérieures - peur – recherche de validation de la femme - anxiété - doute. Ne sois jamais en position d'avoir peur de perdre une femme, c'est elle qui devrait avoir peur de te perdre. L'inverse mène à la ruine. Tu es le prix et dans le subconscient de la femme tu l'es aussi, malgré toute la propagande qu'on a essayé de mettre dans la tête des femmes moderne, la biologie a toujours le dessus sur le conditionnement social.

Lorsque tu as peur d'une chose, tu l'attires. Il faut que tu aies une attitude détachée lorsque tu es avec une femme, se mettre dans un état d'anxiété vis-à-vis d'une femme est une attitude antimasculine. Tu dois toujours être dans un état d'esprit positif et sûr de toi. Si une femme te fait sentir de l'anxiété ou te draine ton énergie malgré que tu sois de nature quelqu'un qui n'a pas ce genre de problème dans la vie courante alors tu dois quitter la relation. Mais le point principal est que tu dois montrer de la confiance dans ta relation, de la confiance dans le fait que tout se passe bien et se passera bien, la peur de la perte d'une femme engendre que tu vas perdre cette femme.

4) Être trop focalisé sur la relation.

Créer des liens émotionnels, communiquer et la recherche de stabilité dans la relation sont des qualités féminines. Le fait que tu sois un homme focalisé sur la relation communique à la femme que tu es un homme qui ne suit pas son but dans la vie, tu es de plus dans ton énergie féminine, ce qui va faire que la femme va basculer dans son masculin : elle va perdre du respect et de l'attraction pour toi. Évite comme la peste toutes ces thérapies de couple, etc. car cela prouve que tu es plus focalisé sur la relation que sur ce que tu essayes de construire dans la vie. La femme prend ça comme une faiblesse. N'écoute pas les femmes qui te disent qu'elles veulent un homme qui soit l'homme parfait dans la relation, qui soit toujours disponible, fasse tout pour elle et soit là à être fixé sur la relation : c'est le conditionnement moderne. Si tu fais cela ne t'étonne pas qu'elle se distancie.

Les points fondamentaux qu'il faut que tu gardes à l'esprit lorsque tu es dans une relation, que celle-ci soit courte ou longue, c'est qu'il faut que tu sois d'abord focalisé sur ton but dans la vie. Ne sois pas jaloux (zone de peur), ne sois pas disponible (comprends que ton attention a de la valeur aux yeux des femmes), ne sois pas dans une zone d'anxiété et ne sois pas un homme focalisé sur la relation, c'est le job de la femme.

5. Sois honnête, mais joue le jeu.

Il ne paye pas de mentir aux femmes sur tes intentions vis-à-vis d'elles. Comprends que ça va t'éviter tout un tas de problèmes que d'être honnêtes vis-à-vis de tes intentions avec les femmes. Je ne te dis pas d'être un "mec bien", mais de rester vrai. Comprends que les femmes ont une autre perception de ce qu'est un mec qu'elles apprécient. Un homme qu'elles apprécient est simplement un mec qui lui donne du bon sexe, passe des bons moments avec elle et sait faire marche arrière quand il le faut pour lui donner l'espace nécessaire pour qu'elle pense à lui. Un mec bien dans le sens de tout faire pour la femme, la mettre sur un piédestal et faire le toutou est tout simplement ce qui met off une femme. Sois mystérieux, imprévisible et donne que le nécessaire d'attention, c'est ça qui va faire en sorte qu'elle va chasser ta validation. Les mecs parfaits sont vus comme des bolloss par les femmes.

Si tu as compris que les femmes vivent dans un autre monde que le nôtre, c'est-à-dire celui des émotions et des changements d'humeur permanente, il va y avoir certains moments où il va falloir faire preuve de game si tu veux toujours garder la main haute sur la femme, n'écoute pas la société qui te dit qu'il y a l'égalité entre l'homme et la femme et toutes les autres débilités, l'homme doit toujours avoir la main haute s'il veut maintenir l'attraction et garder son respect propre.

1- La marche arrière :

Les femmes font souvent marche arrière quand tout va bien dans la relation ou qu'elle sent que tu as tous les pouvoirs dans la relation. Comprends que tu vis dans une société ou on apprend depuis leur tendre enfance aux femmes que les hommes sont moins intelligents qu'elles et qu'ils doivent tout faire pour leur plaire, elles ont le syndrome de la princesse, ELLES PENSENT QU'ELLES SONT LE PRIX, et les boloss ne font que renforcer ce genre de comportement et d'état d'esprit. Ajoute à cela la tendance manipulatrice que beaucoup de femmes ont dû au fait qu'elles ont été trop habituées à utiliser des bolloss, cela donne des femmes qui pensent qu'elles ont à avoir le pouvoir dans la relation. Rajoute encore à ça les coachs pour femmes qui leur apprennent des techniques de manipulation pour que l'homme soit en position de soumission. Elles s'aperçoivent par la suite que malgré leurs manipulations elles n'ont plus d'attraction pour l'homme qu'elles ont manipulé. Stupide non ?

Ce qu'il faut faire en cas de marche arrière :

Ne JAMAIS courir derrière la femme. C'est le plus souvent un mouvement tactique pour que tu lui cours après. Si tu ne lui cours pas après tu vas te distinguer de 99 % des hommes qui courent après la femme lorsque celle-ci devient distante. Pour plus de précision sur ce sujet, reporte-toi au chapitre 3 : "Que faire quand elle devient distante".

Ce qu'il faut faire :

Tu fais immédiatement marche arrière et tu la laisses revenir vers toi.

2- Les disputes :

C'est simplement une tactique que les femmes utilisent pour donner du piment à la relation, il faut que tu acceptes ça de la nature féminine. Elles ont besoin de cette énergie négative. Ne rentre pas dans la dispute qu'elle crée agis simplement de manière stoïque et barre toi en laissant la porte ouverte. Si tu te disputes avec une femme, tu deviens une femme à ces yeux.

3- Elle te pousse à être dans une relation et te donne un ultimatum.

Il faut simplement lui dire "je ne suis pas prêt pour l'instant, mais si les choses se passent bien on peut devenir exclusif tous les deux", à toi de voir dans ce cas, mais personnellement je n'accepterais jamais d'ultimatum d'une femme, les ultimatums sont pour moi un gage qu'il faut la larguer, car elle risque d'amener des scandales pour essayer de te mettre en position de soumission.

4- Ta femme t'a surpris avec une autre femme (tromperie)

Ne jamais s'excuser et se barrer sans tarder. Cela peut paraitre bizarre, mais une femme perd du respect pour un homme qui s'excuse après l'avoir trompé, les femmes ne respectent pas les hommes qui s'excusent (c'est un signe que tu n'as pas de qualités de leadership). Il faut simplement que tu acceptes que la relation soit terminée et que tu la laisses revenir (90 % du temps elle revient). Les femmes ne répondent qu'à la force d'un homme, l'excuse étant perçue comme une faiblesse. Ne jamais reprendre quelque chose de sérieux avec une femme que tu as trompée, les femmes n'oublient rien, et elle pourra par la suite utiliser cet argument pour elle-même te tromper.

6. Les mariages

Le mariage est une des plus vieilles institutions au monde. Le mariage a de tout temps consisté à ce qu'un homme prenne une femme pour que celle-ci assure sa descendance, en contrepartie l'homme pourvoyait à la sécurité et à l'entretien de la femme. C'est une institution qui je pense va disparaitre faute de candidats. En effet, la société actuelle avec le haut taux de divorce (près de 60 %) et d'infidélité ne pousse pas les hommes à se marier. Comprends que le mariage n'a jamais été une histoire d'amour, c'était simplement le mode de vie d'une société basée sur le travail et la procréation. De nos jours, l'homme en particulier est vu comme une ressource utilisable par les femmes : beta provider/amant pour l'excitation.

Le mariage moderne et civil donne à la femme le pouvoir de faire ce qu'elle veut et partir avec la moitié de tes biens. Il n'y a rien de plus stupide pour un homme que de se lancer dans ce genre de business. Malgré que certains ont des convictions religieuses, le mariage civil est une arnaque qui est simplement là pour donner une manne financière aux femmes pour que celles-ci puissent faire tourner la société de consommation (90 % de la consommation aux USA est entretenue par les femmes).

Donner un tel levier d'action aux femmes modernes, c'est comme se tirer une balle dans le pied, et comme je te l'ai dit, rien ne vaut ta sérénité et ton porte-monnaie. Si une femme te coûte ne serait-ce qu'une de ces deux choses, il te faut la laisser partir au plus vite et couper les ponts.

1- Si tu veux te marier :

Il faut toujours trouver le pourquoi d'un raisonnement. Si tu n'analyses pas le pourquoi, tu vas vite te demander pourquoi J'AI FAIS CA.

A) Te sens-tu seul dans ta vie ?

B) Tu as besoin de quelqu'un d'autre pour te sentir exister et donner de la valeur à ton existence ?

C) Tu es amoureux de cette femme, mais as-tu analysé vraiment avec qui tu es ?

D) Si c'est le physique qui te fait désirer cette femme, comprends que le physique n'est pas tout surtout si tu veux une partenaire sur le long terme.

E) Elle te pousse à passer à la vitesse supérieure, mais toi tu ne veux pas.

F) Ta famille pour des raisons sociétale/religieuse te pousse à te marier ?

G) Tu veux faire comme les autres et suivre le troupeau.

Les phases du mariage moderne :

En tant que coach, j'ai des sessions tous les jours avec des hommes mariés et je peux te dire que leur schéma est toujours le même. J'ai eu la chance de ne jamais tomber dans le piège de me marier (même si j'ai failli plusieurs fois!) et que j'ai vu autour de moi le dégât qu'un divorce ou une tromperie peut faire sur un homme. Réfléchis à deux fois avant de te marier et de passer la bague au doigt d'une femme : un bout de métal au doigt d'une fille facile ne la rendra pas Femme.

1- La période de lune de miel/Engagement :

Tu as analysé la personne de A à Z et tu as décidé de lui passer la bague au doigt. Tu investis dans un mariage. Comme tu n'as pas compris que tu as aussi marié l'État, tu es dans la phase de l'engagement.

2- Phase d'investissement/enfants :

Tu vas avoir des enfants avec la femme, tu vas vouloir acheter une maison (le plus souvent à crédit), tu vas devoir payer les factures, acheter une plus grosse voiture et te tuer à la tâche. Tu deviens un bon vieux beta provider. Tu as beaucoup de responsabilités.

3- Le retournement de situation (arrive le plus souvent après 10 ans) :

Vu que tu as investi lourdement dans la relation, tu as beaucoup à perdre. Le plus souvent une féministe apparait dans le tableau et va influencer ta femme pour qu'elle arrête d'être une "femme soumise". Et c'est le début de la fin. Sorties entre copines, etc. La femme commence à rentrer dans la crise de la trentaine (le mur), basse estime de soi et envie de "retrouver sa jeunesse". La femme commence à s'ennuyer, car l'homme commence à être trop prévisible. Le plus souvent dans les deux côtés il y a des cas de tromperies.

La femme que tu pensais avoir va complètement changer.

4- Le divorce :

Lorsque la femme sait qu'elle peut avoir tous tes investissements et avoir une pension à vie, c'est là que la femme va sortir toutes ces cartes pour avoir ce qu'elle veut. Tu t'es fait avoir.

Si tu es une personne religieuse :

Si ta religion te pousse à te marier et que tu crois fermement à l'union entre deux individus, il faut que tu prennes d'extrêmes précautions. Comprends que tu es une cible pour beaucoup de "caméléons", ce que j'appelle "caméléon" sont des femmes qui ont l'air d'être traditionnelles, mais sont simplement à la recherche d'une proie pour tirer un maximum de ressources.

Il faut que tu prennes ton temps si tu veux te marier religieusement et que tu analyses tous les détails de la femme avec qui tu as à faire. Si tu vois ne serait-ce qu'un drapeau rouge énoncé dans le chapitre sur les relations, alors abandonne. Si tu investis ta semence dans une femme qui ne vaut pas le coup, tu seras attaché à vie avec cette femme. Une soit-disante rédemption/repentir ne suffit pas pour avoir un gage de qualité chez une femme. Le passé d'une femme est le révélateur de ce qu'elle va faire, très peu de femmes changent.

Comprends que le mariage est un très gros risque pour un homme. Dû à la libération sexuelle, le pouvoir donné aux femmes et au conditionnement des femmes par la société marchande, tu cours un risque extrêmement élevé de te retrouver sur la paille, de finir dingue ou encore bloqué dans une situation sans issues. Mais si malgré tous les warnings que je t'ai donné tu comptes passer le pas, je te dis : es-tu prêt à jouer à la roulette russe alors que tu as 9 balles et une seule cartouche à blanc dans un pistolet ? À toi de voir.

7. Séparations/Divorces :

Mike Tyson a dit un jour : "Tu n'es pas un homme si tu n'as jamais expérimenté une rupture".

Comprends que dans une relation que tu as sur un plan sérieux avec une femme, vous deux êtes accros l'un à l'autre via la dopamine que vous deux expérimentez dans votre relation. Plus tu passes de temps avec une femme et plus tu te sens bien avec celle-ci. C'est pour cela que la plupart des femmes passent de branche en branche (d'homme en homme) pour ne pas ressentir la douleur d'une séparation. De plus, les femmes ne peuvent pas rester seules, car premièrement elles ont une tonne d'options (réseaux sociaux, friendzonés, etc.) et sont très peu confiantes en elles (peur d'être seules).

Le plus souvent l'homme se trouve pris au dépourvu lors d'un divorce/séparation, car beaucoup d'hommes n'ont pas compris la nature féminine. Les femmes sont comme de grands enfants incapables de faire des choix raisonnés pour elles-mêmes et voient les hommes comme des utilités. Donc la majorité du temps l'homme se fait larguer par la femme, car il ne comprend pas que lorsqu'une femme te manque de respect ou agit de façon étrange, celle-ci veut que tu prennes la responsabilité de quitter la relation et qu'un autre homme attend dans l'ombre pour te remplacer. Cela est comme un électrochoc. Beaucoup essayent de supplier pour une seconde chance, essayent d'acheter l'affection de la femme (bouquet de fleurs, etc.) et de rester dans la friendzone.

Ce qu'il faut que tu fasses dès que tu sens que la femme commence à devenir distante :

Il faut que tu fasses comme un miroir de ce que la femme est en train de faire, ce n'est pas forcément qu'elle fréquente un autre homme, mais que simplement tu l'as mise off par ton comportement (tu ne lui as pas laissé assez d'espace, trop collant, trop complaisant dans la relation, trop gentil…). C'est encore réparable.

Ce qu'il faut que tu fasses lorsqu'elle te dit que c'est terminé :

Accepte le fait que la relation est terminée et ne recontacte plus la femme. Si tu veux récupérer cette femme c'est très simple : coupe contact immédiatement et disparait. Il faut que tu agisses de façon contre-intuitive, montre ta force et disparaît : au bout de quelques jours ou si la situation avec son nouveau mec se détériore, elle va te rappeler. Ne mendie jamais une relation avec une femme. Il faut que tu sois toujours prêt à partir sans te retourner.

Mon point de vue sur la question :

Lorsque la relation est brisée alors elle n'est plus réparable. La connexion a été interrompue. Avec une ex-femme les choses ne sont plus les mêmes, car le plus souvent la femme va te considérer comme un simple orbiteur ou un plan B. Réparer une relation c'est comme vouloir recoller un vase cassé, il ne sera jamais le même. Mieux vaut se concentrer sur une nouvelle relation que d'essayer de fixer une relation qui n'a pas marché. Si tu veux rester pour les enfants ça ne marche pas aussi, car tu vas tolérer la plupart du temps des manques de respect flagrants et tu seras comme un prisonnier dans ta propre maison. Mieux vaut demander la garde alternée et vivre sa vie. Comme je te le dis dans les vidéos, les femmes reçoivent, elles reçoivent l'ADN et la semence des hommes avec qui elles couchent : elles s'imprègnent des hommes avec qui elles couchent et changent de tout au tout lorsque celles-ci ont fréquenté d'autres hommes durant votre séparation. Ces gens ne sont plus les mêmes et toi aussi tu n'es plus le même. Mieux vaut avancer sans se retourner. C'est le meilleur champ d'action pour ta vie et ta sérénité. Il faut que tu laisses le passé au passé. Comprends que les ex reviennent toujours et le plus souvent simplement pour de la validation ou pour te laisser en plan B au cas où les choses ne fonctionnent pas avec d'autres hommes. Sois une priorité pas une option. Comprends qu'en tant qu'homme ta valeur augmente avec le temps si tu y mets des efforts, rester bloqué avec des gens du passé où tu as déconné ou avec des femmes qui n'ont pas apprécié ce que tu posais sur la table n'a pas de sens. Réalise la réalité de ta relation et ne reste pas bloqué dans la fantasy. Il y a beaucoup de poisson dans la mer et les femmes sont en abondance. Avancer ta vie va te permettre de maturer et de développer des compétences dans le domaine relationnel, il n'y a pas d'échecs, que des apprentissages.

CHAPITRE 3

EXPLICATIONS DÉTAILLÉES DES VIDÉOS

1. PLUS TU T'EN BATS LES COUILLES, PLUS ELLES VIENNENT ET REVIENNENT (YOUTUBE)

La nature féminine est une nature de soumission et de recherche de l'approbation des hommes. N'écoute pas la propagande actuelle qui essaye de laver le cerveau des femmes. Les femmes malgré le conditionnement de la société ne peuvent pas combattre leur biologie. La grande majorité des femmes à l'époque moderne ont une basse estime d'elles-mêmes dû au fait qu'elles ne viennent pas de foyers productifs et sains. La plupart n'ont pas eu de père présent et ont étés élevées dans l'énergie masculine de mères contrôlantes et possessives. Il en résulte que la validation et l'attention masculine étaient absentes, la grande majorité des femmes vont constamment rechercher cette attention et validation de la part de plusieurs hommes. Si tu réduis ton attention non sexuelle tu communiques un message subconscient que tu es un homme en demande (présélection féminine -> haute valeur), tu te démarques de 97 % des hommes qui recherchent l'attention et la validation des femmes et cela résulte dans le fait que ton attention devient plus rare, donc plus chère.

Tu communiques aussi que tu n'as pas peur de perdre cette femme. Les femmes veulent des hommes qui n'ont pas besoin d'elles. Les femmes ont naturellement plus besoin d'un homme que d'un homme a besoin d'une femme. Donc comprends que le moins tu valides une femme et le plus elle recherchera celle-ci et sera dans un état de confusion et de recherche de ton approbation : les femmes sont attirées par des hommes qui ont des sentiments vagues vis-à-vis d'elles.

La marche arrière (réduire son attention non sexuelle) remonte son niveau d'attraction et met la femme dans son féminin, si elle te court après, elle ne te larguera pas !

2. LES 10 COMMANDEMENTS DU GAME (YOUTUBE)

Il faut toujours avoir une marche à suivre stricte lorsque l'on veut passer à l'action et donc comment savoir agir.

À notre époque beaucoup d'hommes rentrent sur le marché avec un état d'esprit défaillant : ils finissent le coeur brisé et souvent utilisés.

Avec une grande majorité de femmes ayant eu de multiples partenaires sexuels, gardant leurs options ouvertes, ayant une foule de désespérés prêts à tout pour rentrer dans ce qu'elles ont entre les jambes, ayant des tendances manipulatrices et voyant les hommes comme des ressources disposables, il est essentiel que tu aies une base comportementale pour pouvoir avoir des résultats positifs.

Vouloir se lancer dans le marché homme-femme sans une base solide est comme partir dans une bataille sans armure ni armes. Les fondamentaux sont décrits dans cette vidéo et sont simples : ne te dispute pas avec une femme, ne passe pas tes journées à lui envoyer des messages, ton but passe en premier, etc. (Voir la suite dans la vidéo).

3. LA MENTALITÉ À ADOPTER A NOTRE ÉPOQUE (SINON TU FINIRAS COMME UN BOLOSS)

Les hommes sont devenus trop doux et dociles. Il en résulte que beaucoup d'hommes se font marcher dessus par les femmes et finissent frustrés et alimentent les tendances actuelles au célibat complet – Black pill, etc. Ils n'ont pas compris la nature féminine actuelle. La grande majorité des femmes se fichent des sentiments des hommes, c'est-à-dire de passer elles-mêmes en premier, quels que soient tes sentiments, etc. Ces stratégies que j'ai mises en place dans cette vidéo vont te donner les clés pour devenir plus dur vis-à-vis de la bêtise féminine actuelle.

-> Jouer au chevalier blanc qui tient ces engagements vis-à-vis des rendez-vous fixés est dépassé : le taux de posages de lapin est énorme (les femmes ont beaucoup d'options). Tu rends la pareille. Ouvre tes options et tes désirs en premier.

-> Si une femme ne te plait pas ou que tu as trouvé mieux : largue-la pour une meilleure option. Elles n'hésitent pas et n'en perdent pas une seconde de sommeil. De haute valeur ou pas, les femmes agissent avec leurs émotions : n'essaye pas de rationaliser et peu ont de la moralité.

4. POURQUOI FAIRE LA COUR A UNE FEMME C'EST ÊTRE UN BOLOSS ET UN TOCARD (YOUTUBE)

Celle à qui tu essayes de faire la cour, à impressionner, etc.… s'est donné le premier soir à un homme qui n'a pas fait un dixième de ce que tu essayes de faire. C'EST D'ABORD RAPPORT SEXUEL PUIS DATES ET RENDEZ-VOUS.

1- Tu perds ton temps. Ce que tu veux c'est l'activité sexuelle avec cette femme. Sois clair dans tes intentions.
2- Tu payes pour ce qu'un autre a eu gratuitement.
3- Tu perds de l'argent : faire des dates coûte cher la plupart du temps.
4- Tu es en position de perdant : c'est la femme qui profite de ton attention/validation alors que toi tu n'as rien eu du deal. Sois honnête : est tu plus intéressé par son attention ou par ce qu'elle a entre les jambes ?

Faire la cour c'est chercher à prouver à la femme ta valeur. Rien de plus dégradant pour ton estime de toi et pour le respect que la femme puisse avoir de toi. Rechercher à plaire et à prouver sont des caracté-ristiques féminines. Va droit au but (sans pour autant être trop direct) et si tu n'as pas ce que tu veux du deal, c'est sa perte.

5. POURQUOI LES FEMMES SONT ATTIRÉES PAR LES HOMMES QUI LES IGNORENT (YOUTUBE)

Les femmes sont des créatures étranges. Les fondamentaux de la nature féminine sont : la femme recherche l'attention des hommes/ la femme recherche la validation des hommes. Comprends que si tu réduis ton attention celle-ci prendra de la valeur. En comprenant ce système simple, tu pourras l'utiliser à ton avantage, car une grande majorité d'hommes donnent leur attention/validation gratuitement en espérant recevoir de l'attention et tomber dans les jupons d'une femme.

Donne de la valeur à ton attention, car pour une femme cela est bien plus valable que le sexe. L'homme recherche le sexe, la femme l'attention.

6. LE RADIO SILENCE, POURQUOI ÇA MARCHE ?

Les femmes sont attirées par la force d'un homme. Un homme qui est fort à la possibilité de partir sans se retourner d'une situation qui lui est défavorable. Dans la société actuelle où les hommes pensent qu'il faut prouver à la femme de leur amour, valeur, tolérer les manques de respect évidents, travailler sur la relation et rendre heureuse une femme, le fait de couper les ponts avec une femme est le signe ultime de l'esprit d'abondance, de respect de soi et d'un homme qui ne fait pas de sa femme le centre de sa vie/priorité.

99 % des hommes supplient leur femme de rester avec eux, essayent d'utiliser des arguments logiques pour prouver au bien-fondé de leur relation. C'est ne pas connaitre la psychologie féminine : les femmes ne pensent pas avec la logique, mais avec leurs émotions. Les femmes sont la plupart du temps dans le FOMO (Fear Of Missing Out, Traduction : peur de la perte) et sujettes à l'anxiété. Le fait de partir et de laisser une femme dans le silence, c'est donner un ascenseur émotionnel que peu d'hommes peuvent lui faire ressentir.

Quitter une femme et la laisser dans le silence est le POUVOIR ULTIME qu'un homme puisse utiliser pour remettre la balle dans son camp : c'est retrouver son pouvoir.

7. COMMENT FAIRE POUR QU'UNE FEMME TE COURE APRÈS

Depuis toujours, les femmes ont eu le dessus sur la manipulation. Mais c'est une époque dépassée. Les hommes de nos jours ont toutes les cartes en main pour :

1- Comprendre la nature féminine

2- Contrer les tentatives de manipulation des femmes

3- Utiliser ces tactiques pour arriver à leurs fins.

Les relations ne sont pas basées sur l'amour, mais sur le contrôle. Il faut que tu voies les relations homme/femme comme une guerre : le camp adverse doit toujours être dans le doute concernant les sentiments/estime que tu lui portes. Les femmes aiment le challenge, être trop prévisible, trop ouvert et donner toute son attention ne font que tuer l'attraction qu'une femme peut avoir pour toi. Il faut malgré tout feinter la faiblesse pour faire croire au camp opposé qu'il commence à prendre le contrôle, et se retirer en retirant le faux avantage laissé à l'adversaire.

8. 5 POINTS SANS PITIÉ POUR RÉUSSIR CES OBJECTIFS

Ce qui attire réellement les femmes c'est que tu es le centre de l'attention. La femme veut d'un leader pas d'un suiveur complètement pris dans son désir. Un homme qui investit en lui-même est un homme attirant sur plusieurs aspects :

1- Comprends que tu es un objet de succès pour les femmes : la femme veut un homme qui élève son statut.

2- Comprends que réduire l'attention que tu portes à une femme, c'est lui donner de la valeur : les femmes aiment les hommes qui ne font pas d'elles leurs priorités.

3- Comprends qu'augmenter sa valeur, c'est augmenter sa valeur sur le Marché Sexuel : plus tu prends de la valeur, plus tes options augmentent. Tu mets la femme dans son état naturel de compétitrice.

9. POURQUOI LES FEMMES ONT BESOIN D'ATTENTION (PATREON)

L'attention d'un homme a plus de valeur que le sexe aux yeux d'une femme. À ton avis, pourquoi tant de femmes ont des hommes dans la friendzone ? C'est que les femmes ont biologiquement

besoin des hommes. L'attention d'un homme est un gage que la femme a encore de la valeur sur le Marché Sexuel, donc qu'elle peut attirer un homme de valeur. Les femmes "absorbent" l'attention des hommes, elles sont dans le besoin de cette sorte de validation, car leur estime d'elles-mêmes est basse.

La femme est par nature dans la recherche de provision et de protection : inconsciemment, avoir l'attention d'un homme c'est être protégé et entretenu. Le pouvoir d'un homme consiste en le fait qu'il prenne conscience de la valeur de son attention, celle-ci est comme de l'argent pour la femme. Couper son attention va permettre à la femme d'évaluer à sa juste valeur cette attention.

10. POURQUOI LES FEMMES REGARDENT TES STORIES (PATREON)

Les femmes sont constamment dans la présélection. Elles veulent l'homme qui a le plus d'options, contrairement à nous les hommes. Les femmes sont de nature très curieuse en ce qui concerne l'homme dont elles ont des vues : tu seras jugé par une femme par le type de femme dont tu as eu à faire par le passé, et le degré de respect qu'elle aura pour toi dépendra de l'attractivité de celle-ci.

Les femmes regardent les stories certes pour voir ton lifestyle, mais aussi si tu as d'autres femmes dans ton orbite. Si d'autres femmes sont présentes dans tes stories, ta valeur sur le Marché Sexuel augmente.

De plus les femmes utilisent ce procédé de sniper les profils Instagram, Facebook, snap, etc. pour voir si sur les plans d'attractivité (look, argent, statut, personnalité) tu es en phase d'amélioration ou en phase de chute.

CHAPITRE 4
NATURE FÉMININE

Ce que la société t'a mis dans la tête depuis ton enfance est faux. Les films de Hollywood ou encore le système politique t'as induit en erreur. C'est un postulat de base qu'il faut que tu te mettes dans la tête. La nature féminine n'est pas si compliquée qu'elle puisse le sembler. Il y a des fondamentaux à comprendre pour les mettre en application. Il faut que tu t'enlèves le formatage de la société féminisée pour pouvoir avoir du succès dans ta vie sentimentale.

1. Les femmes aiment courir après un homme

La femme voit l'homme comme le prix. Point à la ligne. Malgré le conditionnement de la société, l'homme et la femme n'ont pas beaucoup changé biologiquement parlant depuis près de 30 000 ans. Inconsciemment, la femme voit l'homme comme le prix même si la société inculque l'inverse.

Alors, croire qu'il faille prouver à la femme de sa valeur, essayer de l'impressionner, lui courir après pour qu'elle t'aime est totalement faux. Pour qu'une femme t'aime il faut qu'elle te coure après, les femmes aiment les challenges et les hommes dont elles doivent faire des efforts pour plaire et rechercher leur validation – attention, si tu donnes ton attention et validation trop facilement elles perdront de la valeur.

N'ai pas peur de prendre de la distance d'une femme pour que celle-ci soit dans son féminin et qu'elle recherche cette validation. L'erreur de la plupart des hommes c'est qu'ils ont certes un état d'esprit défaillant, mais aussi qu'ils sont dans une zone de peur : peur de laisser de l'espace entre lui et la femme. La femme dans son ordre naturel est dans la recherche de l'attention de son homme. Si celle-ci est réduite alors celle-ci prendra de la valeur : elle sera dans son féminin.

Écouter les bobards de Disney et autres films hollywoodiens vont te placer automatiquement dans la case bolloss et friendzone. Les femmes aiment courir après des hommes, car ELLES ONT BESOIN de se sentir inférieures à l'homme dont elles ont des vues. Inconsciemment, elles sont celles qui recherchent la relation lorsqu'elles te courent après. Elles sont dans leur féminin.

2. Les femmes aiment dans le moment présent

Lorsqu'un homme dit à une femme qu'il l'aime, c'est qu'il l'aime dans le moment présent et dans le futur. Lorsqu'une femme te dit "je t'aime" c'est simplement dans le moment présent et tu peux rajouter à cette phrase "si tu continues à faire ce que tu fais ou que tu continues à me faire me sentir de telle ou telle façon". Les femmes sont comme le climat : il change constamment, tels sont leurs sentiments vis-à-vis des hommes. Cela partait bizarre pour nous les hommes, mais c'est de cette façon qu'elles sont faites. Beaucoup se sont creusé la tête pour comprendre la nature féminine, ont écrit des tonnes de livres pour comprendre ce qu'il y a dans leur tête et leur rapport à l'amour. C'est que simplement elles sont très instables émotionnellement et dominés par celles-ci. Essayer de rationaliser ce qu'il se passe dans leur tête est un casse-tête pour nous les hommes. Comprends simplement qu'il faut juste croire leurs actions et pas leurs mots. Si une femme est réellement amoureuse de toi et a des sentiments pour toi alors ces actions traduiront ces sentiments.

L'homme doit être comme la montagne et la femme est comme le climat changeant et instable, si tu es une montagne émotionnellement pour une femme, alors celle-ci se sentira en sécurité et automatiquement sera attirée par toi.

3. Les femmes essayent de fixer les hommes

Les femmes aiment fixer les hommes perdus. C'est une caractéristique bizarre de la nature féminine. Je te pose une question, pourquoi tant de femmes sont infirmières, assistantes sociales et travaillent dans des hospices : c'est que la nature féminine est dans le fait de réparer et prendre soin des autres. Même dans ton entourage je pense que tu connaisses des femmes qui sont avec des alcooliques, accros aux jeux de hasard et autres drogues : elles essayent de fixer ce genre d'hommes. Certes, ce genre de femmes sont des femmes de basse valeur et sont donc avec des hommes de basse valeur, c'est une partie de la nature féminine.

Essentiellement la femme aime prendre soin des plus faibles qu'elle. C'est simplement leur instinct naturel maternel. Pourquoi beaucoup de prisonniers dans les couloirs de la mort aux États-Unis reçoivent des milliers de demandes en mariage ? C'est que simplement ils ont un élément qu'elles essayent de fixer, de plus ils ont cette image d'être imprévisibles et dangereux (recherche d'un protecteur). C'est un élément étrange de la nature féminine. Je ne te dis pas de devenir un fracassé ou un fatigué pour avoir des options avec les femmes ça serait débile, je te montre juste un élément de la psyché féminine.

4. Les femmes recherchent l'amour

WARNING – POUR CEUX QUI SONT EN COUPLE UNIQUEMENT !!

Comprends que lorsque tu es en couple ou marié, la femme recherche un homme qui est sûr de lui et qui est en même temps romantique avec elle. Il y a une balance à avoir avec une femme que tu as prise au sérieux, tu ne peux pas être constamment un homme dur et froid. Le problème chez l'homme moderne c'est que la plupart du temps lorsqu'il veut être romantique c'est qu'il agit de la sorte simplement pour gagner l'approbation de la femme et/ou à chercher à réparer la relation dans laquelle ils sont. C'est un signe de faiblesse.

Une femme veut d'un homme qui tient à elle, mais qui n'est pas obsédé par elle. Tu es perçu comme étant obsédé par une femme en agissant de la sorte :

- Tu inities la plupart du temps le contact en premier
- Tu cherches à contrôler la femme en étant possessif
- Être trop collant (ne pas lui donner son espace)
- Répondre trop vite aux messages
- Lui envoyer des "bonne journée", "bonne nuit" et "je t'aime" par message

Là est la nuance, il faut savoir être distant avec la femme et en même temps romantique pour la laisser engager émotionnellement vis-à-vis de toi, c'est l'énorme difficulté des relations modernes. La meilleure méthode c'est de créer de l'espace vis-à-vis d'elle, la laisser initier le contact la plupart du temps et se montrer affectueux et fun lorsque tu es avec elle.

La femme recherche l'amour, mais lui donner trop facilement détruit toute attraction. Apprends à mesurer ce que tu donnes et reçois d'une femme.

5. Les femmes veulent ce qu'elles ne peuvent pas avoir (elles aiment le challenge)

Il faut que tu comprennes une composante de la nature féminine qui est très étrange pour nous les hommes, c'est que les femmes sont attirées par l'incertitude par rapport aux sentiments de leur homme. La plupart des hommes pensent qu'en jouant les Don Juan en exposant tous ces sentiments, ils vont avoir le coeur de la femme : c'est totalement faux. Si tu fais ça, la femme va te prendre pour acquis et son attraction va diminuer. Le fait que tu gardes ta validation pour toi et que tu agis de manière sporadique par rapport à tes sentiments vis-à-vis de ta compagne va faire que la femme sera en constante recherche de ta validation et sera dans le doute concernant tes sentiments.

Donne toujours aux femmes ce dont elles ont besoin et pas ce qu'elles veulent. La femme a besoin de distance, de doute et de marche arrière. Bien sûr il te faut passer de bons moments avec elle, mais rationne ces moments, sinon elle va se lasser et tu deviendras trop prévisible. Apprends à créer du manque chez la femme en ayant une vie à côté, cela créera de l'attraction.

Si tu es toujours disponible malgré le fait qu'elle veut te voir, que tu réponds rapidement aux messages, que tu es trop collant, tu vas la faire fuir. C'est une vibe féminine.

Si elle sait qu'elle t'a sur la paume de sa main, alors c'est le début de la dégringolade. Soit un mystère en restant vague sur tes activités. Le mystère Est-ce qui éveille la curiosité de la femme.

6. Les femmes ne pensent pas elles ressentent

Les femmes sont des êtres émotionnels. C'est-à-dire qu'elles vivent par leurs sentiments et comment elles se sentent dans le moment présent; c'est différent de nous les hommes qui vivons par la logique et les faits.

Ce qui définit l'état d'esprit d'une femme, c'est comment elle se sent dans le moment présent, où ces émotions la mènent, pas par des arguments logiques ou rationnels. C'est-à-dire qu'elles vivent dans le moment présent de leurs émotions. Elles peuvent en expérimenter des centaines en une journée, des ouragans de colère, de la tristesse et de la joie.

Ce qu'il faut que tu comprennes en tant qu'homme c'est qu'il faut que tu ne sois jamais emporté par ces ouragans émotionnels qui traversent la femme, reste stable, la femme veut d'un homme qui est stable mentalement et émotionnellement, la femme recherche un roc. Comme je te l'ai souvent dit, la femme est comme le temps/climat et toi tu dois être comme une montagne.

C'est son ressenti qui la pousse à agir. Elles vivent pour leurs sentiments et émotions. C'est pour cela que les femmes sont très indécisives, peu confiantes en elles et ont des attitudes la plupart du temps à l'opposé de ce que nous les hommes trouvons "logique". As-tu souvent entendu "Parole de femme" ? Non, tu as entendu "Parole d'homme". Car les femmes dû à leur cerveau émotionnel sont dans l'incapacité de faire des choix rationnels et basés sur la logique. C'est une composante de la nature féminine : les émotions règlent leur rapport au monde.

7. Les femmes sont émotionnelles

Comme pour le point précédent, c'est les émotions qui gouvernent la psyché féminine. La femme agira comme elle le ressent et non comme elle doit. Les émotions surpassent la moralité. Elles sont comme des grands enfants qui vivent au grès des péripéties de la vie et de leurs sentiments. Vouloir appliquer une logique masculine au comportement féminin est dérisoire. L'homme est comme Android et la femme comme IOS. Nous avons deux systèmes de pensée diamétralement opposés. Les femmes ressentent des centaines d'émotions par jour, extrapole ça à ton cadre masculin et pourquoi tu dois être un roc pour une femme, si celle-ci se connecte émotionnellement à un homme qui n'a pas de self-contrôle ou dans le besoin, elle risque pour sa survie. La femme veut d'un homme qui soit son roc, pas un homme qui fait d'elle le centre de sa vie et la met sur un piédestal !

8. Les femmes aiment s'imaginer ce qu'est en train de faire leur homme

Le second organe sexuel de la femme est son imagination. Si une femme s'imagine ce que tu es en train de faire, c'est partie gagner concernant l'attraction. Les femmes sont grandes consommatrices de romans à l'eau de rose, d'histoire d'amour et autres fictions. C'est qu'elles ont cette tendance naturelle à fantasmer sur un homme qui ne donne que très peu d'information sur lui. Ne crois pas qu'il faille être un tchatcheur et tout dévoiler de sa vie, tu tues le mystère. Mystère est égal à attraction, toujours dire ce que l'on fait à sa femme tue le mystère qui t'entoure.

Il faut posséder la tête pour posséder le corps. Quand tu disparais de la vue de ta femme, celle-ci va s'imaginer ce que tu fais, l'attraction grandit dans la distance.

Ne sois pas dans le mutisme complet, mais aies une attitude où tu ne te dévoiles pas trop facilement: trop parler est une caractéristique féminine. Laisse la femme se dévoiler à toi et reste vague tout en ayant de la conversation. Là est la juste balance entre le fait de rester mystérieux et trop se dévoiler et tuer le charme.

9. Les femmes sont constamment à la recherche du meilleur deal

C'est ce que l'on appelle l'hypergamie féminine. C'est simple à comprendre. Depuis toujours, les femmes sont à la recherche du meilleur protecteur et pourvoyeur de biens pour elles et leurs progénitures. Cela était contenu par la religion et les codes moraux dans les sociétés traditionnelles. Avec l'explosion de la société traditionnelle et l'apparition de la société marchande avec que très peu de moralité et où l'ordre et la discipline sont vus comme des choses du passé, les femmes se réservent le droit de revenir à leur nature primordiale et de constamment rechercher l'homme qu'elles perçoivent comme étant le meilleur.

Il y a aussi une partie biochimique dans l'attitude très hypergame de la femme moderne: l'inhabilité de rester qu'avec un seul homme et la soif consente de nouveauté et de nouvelles sensations. Tout cela est en rapport avec la dopamine qui est présente dans le cerveau. En effet, lorsqu'une femme a des rapports avec un homme et a un orgasme avec cet homme, il y a une connexion biochimique qui se produit dans le cerveau, elle se connecte à toi et commence à éprouver des sentiments et de l'attachement. Si une femme a eu plusieurs expériences sexuelles avec beaucoup d'hommes, celle-ci ne peut plus se connecter émotionnellement à un seul homme et la dopamine d'un seul homme ne suffit plus. Lorsque la dopamine induite par un homme commence à disparaitre dans le cerveau de la femme et que celui-ci devient moins "excitant", la femme commence à ouvrir ces options: c'est pour moi l'hypergamie physiologique.

10. Les femmes sont indécises et très fluctuantes par nature

Dominées par leurs émotions et très fluctuantes, les femmes vivent dans le moment présent et se laissent porter par leurs émotions. Les femmes de tout temps n'ont jamais eu (sauf exception) de rôles décisionnaires, la femme est faite pour être guidée. Elles sont incapables de faire des choix sensés pour leur vie, car les émotions mènent la plupart du temps vers des mauvais chemins. N'as-tu pas remarqué toi en tant qu'homme que les pires décisions que tu aies prises dans ta vie sont celle que tu as prise sous le coup de la colère, la tristesse ou la peur ? C'est pareil pour les femmes, leur choix et leurs actions sont déterminées par comment elles se sentent dans le moment présent.

Ne sois jamais pris dans le changement d'humeur d'une femme, car celui-ci change constamment, toi en tant qu'homme tu dois être comme un vieil arbre solide et dur, j'ai cette analogie là que tu dois être comme la montagne et la femme est comme le temps qui change.

Nous, les hommes, nous agissons par logique et par moralité. Les femmes agissent par opportunité et par leurs sentiments. La société a essayé de te mettre dans la tête que la femme et l'homme sont identiques et c'est totalement faux.

CHAPITRE 5

NATURE FÉMININE

SHIT TEST

Le but de ce chapitre est de comprendre ce qu'il se cache derrière les comportements féminins et ce qui est communément appelé les "shit test". Avant de se lancer dans ce sujet, je tiens à te dire que c'est une attitude de boloss que de passer des "shit test". En effet, là est la subtilité, comprends comment les femmes agissent pour que cela puisse t'apporter de la clarté dans ton esprit. Tu peux passer des "shit test" simplement dans le cas où tu es marié et que tu as beaucoup investi et vice versa dans une femme et cela ne doit pas dépasser une certaine limite. Je ne vais pas être catégorique en disant à un homme qui a 20 ans de mariage, plusieurs enfants et une maison de larguer du jour au lendemain sa femme, il faut avoir de la mesure dans tout, essentiellement tu dois être le juge de tes actions et si une femme essaye d'appuyer trop souvent sur tes boutons pour espérer une réaction, alors tu dois juger au cas par cas selon ton cas, mais la limite est ta sérénité, ta liberté et ton portemonnaie. Comme je te le dis souvent, si une femme te coûte ne serait-ce qu'un seul de ces aspects, alors le prix est trop élevé pour que tu puisses continuer à voir cette femme ou construire avec elle.

Pour ma part je suis radical, mais tout le monde n'est pas pareil. Il y a des batailles qui méritent d'être combattues et d'autres pas. Je vais donc te détailler le comportement féminin lorsqu'il s'agit de shit test.

Pourquoi les femmes testent-elles?

Essentiellement pour tester ta force et voir si tu es un homme faible et "Needy". Les femmes testent aussi lorsqu'elles sentent de la faiblesse dans un homme, la faiblesse pour une femme est le manque de confiance, la peur de la perde, être trop amoureux, être trop collant et émotionnellement instable. La femme veut investir ces émotions dans un homme, il faut simplement que tu ne réagisses pas. La plupart du temps, elles testent de façon subconsciente.

1. La marche arrière

C'est quand la femme met du temps pour répondre à tes messages, est indisponible pour te voir et commence à se distancer. S'il s'agit d'un shit test elle teste essentiellement ta force et voir si tu vas lui courir après et te mettre dans ton féminin.

La marche arrière peut être aussi physique où celle-ci devient de moins en moins affectionnée et ne veut pas avoir de rapport avec toi.

Ce qu'il faut faire:

Faire marche arrière à ton tour et la laisser revenir vers toi. Ne la bombarde pas de messages ou d'appels, cela traduit de la faiblesse. Si tu t'éloignes lorsqu'elle s'éloigne alors elle va revenir encore plus attirée vis-à-vis de toi. Tu auras démontré de la force émotionnelle en simplement agissant comme un homme fort et qui n'est pas dans le besoin.

2. La jalousie

Il se peut qu'une femme teste ta confiance en parlant d'un autre homme. Pour moi il s'agit d'un manque de respect et elle vient juste de s'auto-éliminer, mais si tu veux sauver ton mariage ou que tu tiens à cette femme. Elle teste essentiellement tes insécurités et ta peur de la perdre pour un autre homme. Pour le principe de ce chapitre, je vais te dire quoi faire.

Ce qu'il faut faire :

Agir comme si tu t'en tapais de ce qu'elle disait et agir de manière contre intuitive : dis-lui d'aller avec cet homme s'il lui plaît autant et quitte la table des négociations. Tu seras en position de force, car tu auras démontré que tu es un homme détaché et avec options. La femme reviendra d'elle-même encore plus attirée.

3. Les disputes

Lorsque tout va bien, la femme va le plus souvent essayer d'entamer des disputes ou des drames dans la relation. C'est que les femmes comme tu l'as compris vivent de leurs émotions. Elles ont besoin de sentir des émotions vis-à-vis de leur partenaire. De plus elles agissent de la sorte pour attirer ton attention et voir si tu tiens à elle. De plus les drames et scandales permettent à la femme de tirer ce qui est le plus important pour elle : l'attention.

Ce qu'il faut faire :

Joue le jeu, mais reste stable mentalement ne t'emporte pas. Si tu réagis à ces émotions alors tu as perdu. Il faut que tu restes de marbre et que tu dises simplement "je vois ce qui se passe et je comprends ton énervement", tu lui expliques de manière rationnelle une seule fois et tu quittes la table des négociations et fais autre chose. Tu auras démontré de la maturité et de la masculinité. Elle reviendra encore plus attirée vis-à-vis de toi.

4. Elle menace de te quitter

C'est le plus souvent pour tester ta force et de voir ta dépendance par rapport à elle.

Personnellement je lui dirais de prendre ces affaires et de partir et je refermerais la porte derrière elle. Mais si tu veux sauver ta relation ou ton mariage, il y a un plan d'action.

Ce qu'il faut faire :

Lui dire simplement "Ok je te souhaite le meilleur, bon courage" et couper contact. La plupart des ruptures sont des tests. La laisser revenir. Elle reviendra encore plus attirée vis-à-vis de toi.

5. Posages de lapin

Les femmes peuvent poser des lapins pour voir ta réaction et voir si tu es trop dans le besoin d'elle. Pour moi il te faut donner deux strikes à une femme que tu vois souvent lorsqu'elle te pose des lapins. Au deuxième posage de lapin, tu la next. Mais pour le principe de ce chapitre, je vais te dire quoi faire.

Ce qu'il faut faire :

Ne pas lui répondre. Si tu montres que tu as la possibilité de partir alors tu auras démontré de la force. Coupe contacte et laisse-la revenir. Tu auras démontré que tu n'es pas autant investi qu'elle le pensait, elle en reviendra encore plus attirée. Ne montre pas que cela t'a affecté. C'est frustrant quand les femmes jouent à ces jeux, mais c'est la nature féminine. Les femmes sont des grands enfants.

Voilà l'essentiel des "shit tests" que les femmes font aux hommes. La plupart du temps, les femmes testent pour voir tes faiblesses émotionnelles et mentales. Aussi pour voir si tu es dans le besoin. Il faut simplement que tu restes de marbre et que tu ne laisses pas tes insécurités ressurgir. Là est la clé, ne réagis jamais à une femme. Si tu réagis, tu deviens une femme à ces yeux. L'homme agit, mais ne réagit pas, surtout vis-à-vis d'une femme.

Je ne suis pas pour passer des "shit tests", mais c'est une demande que j'ai souvent, aussi cela te permettra de comprendre le comportement féminin dans sa globalité, c'est toujours un plus dans ton arsenal.

CHAPITRE 6
LES 30 COMMANDEMENTS DES HOMMES DE HAUTE VALEUR

1ER COMMANDEMENT

N'ACCEPTE JAMAIS D'ÊTRE L'AMI D'UNE FEMME DONT TU VEUX QUELQUE CHOSE DE ROMANTIQUE

COMPRENDS QUE LORSQU'UNE FEMME TE FRIEN-DZONE IL Y A PLUSIEURS FACTEURS, MAIS LE FACTEUR PRINCIPAL C'EST QU'ELLE TE REJETTE:

A) TU N'ES PAS À SON GOUT

B) ELLE TE GARDE SOUS LA MAIN POUR T'UTILISER

C) ELLE TE GARDE SOUS LA MAIN COMME UNE SOU-PAPE DE SÉCURITÉ AU CAS OU CA NE MARCHE PAS AVEC LES HOMMES DONT ELLE EST RÉELLEMENT ATTIRÉE.

QUE FAIRE? - PLUSIEURS CHAMPS D'ACTION/PLU-SIEURS POINTS DE VUE

SI TU VEUX ÊTRE ROMANTIQUE AVEC ELLE

-> DIS-LUI QUE TU VEUX PLUS AVEC ELLE ET TU LUI DIS DE TE RECONTACTER SI ELLE EST INTÉRESSÉE -> COUPE CONTACT

-> EFFET : SI ELLE TE VOIT COMME UN 5/10 AU MINIMUM SON NIVEAU D'ATTRACTION REMONTERA

2EME COMMANDEMENT

L'ATTRACTION GRANDIT DANS L'ESPACE ET LA DISTANCE

APPRENDS A AVOIR UNE VIE A COTE DE TA VIE DE COUPLE.

ÊTRE TROP PRESENT, RAPIDEMENT AUX MESSAGES SUBCOMMUNIQUE QUE TU ES DESSESPERE ET TROP PREVISIBLE.

CREE DE LA DISTANCE POUR TE FAIRE APPRECIER DE TA FEMME.

AIE UNE VIE SOCIALE D'ABONDANCE.

3EME COMMANDEMENT

ARRETE DE TROP DONNER D'IMPORTANCE AU SEXE

LE SEUL LEVIER QU'UNE FEMME PUISSE UTILISER POUR TE MANIPULER EST SON SEXE, 95 % DES HOMMES SONT DOMINES PAR LEUR SEXE ET SON PRET A TOUT POUR AVOIR DES RAPPORTS.

LORSQUE LA FEMME SAIT QUE TU ES PRET A TOUT POUR SON VAGIN, ELLE VA LA PLUPART DU TEMPS L'UTILISER COMME LEVIER.

TON ATTENTION NON-SEXUELLE A UNE GRANDE VALEUR AUX YEUX DE LA FEMME

L'ATTENTION EST COMME LE CARBURANT POUR LA FEMME. SI ELLE N'A PAS SA DOSE D'ATTENTION D'UN HOMME DE HAUTE VALEUR, ELLE VA SE SENTIR MAL. UNE FEMME DEPRIMEE EST UNE FEMME QUI A UN TÉLÉPHONE VIDE DE MESSAGES.

NE SOIT PAS FACILE ET COMPRENDS QUE TA PRÉSENCE A ELLE SEULE A UNE GRANDE VALEUR, C'EST POUR CELA QUE JE SUIS CONTRE LE FAIT DE FAIRE DES DATES (NON MERITES) ET D'ESSAYER D'IMPRESSIONNER DES FEMMES! TOI-MÊME SUFFIT!

5EME COMMANDEMENT

LES FEMMES VEULENT D'UN HOMME MASCULIN

TA VALEUR DECROIT AUX YEUX D'UNE FEMME LORSQUE TU TOMBE DANS TON FEMININ:

- TU NE SAIS PAS TON BUT
- TU ES TROP EMOTIONEL/ROMANTIQUE
- TU UTILISE LA FEMME COMME TAMPON EMOTIONEL
- TU AS PEUR DE PERDRE TA FEMME
- TU PARLES TROP
- TU DEVOILE TES PROBLEME A TA FEMME
- TU TE DISPUTE AVEC TA FEMME

TOUT LES COMPORTEMENTS SUIVANTS SONT PERCU COMME UNE FAIBLESSE PAR LES FEMMES.

N'ECOUTE PAS LE CONDITIONNEMENT DE LA SOCIETE FEMINISEE ACTUELLE. LES FEMMES VEULENT D'UN HOMME FORT QUI PEUT ÊTRE SON ROC. PAS D'UN MEC INSTABLE ET FAIBLE MENTALEMENT.

6EME COMMANDEMENT

LES FEMMES AIMENT LE MYSTERE

ARRETE DE TOUT DEVOILER DE TOI TROP RAPIDEMENT. LA PLUPART DES HOMMES PENSENT QU'IL FAUT TOUT DEVOILER "AVOIR LA TCHATCHE" ET TOUT DEVOILER DE SA PERSONALITE DES LES

PREMIERS JOURS DE LA RENCONTRE. LE MOINS EST LE MIEUX. ESSAYE D'ATTEINDRE L'ESPRIT DE LA FEMME EN RESTANT VAGUE (MAIS PAS TROP). LES FEMMES AIMENT CERTES QUE TU LEUR RACCONTE DES HISTOIRES, MAIS NE T'ETERNISE PAS TROP ET LAISSE UNE GRANDE PART DE MYSTERE POUR LAISSER SON IMAGINATION FAIRE LE RESTE, CE QUI VA CREER ENCORE PLUS D'ATTRACTION. L'IMAGINATION EST LE SECOND ORGANE SEXUEL DE LA FEMME.

7EME COMMANDEMENT

RETRIBUE LES BONS COMPORTEMENTS/PUNI LES MAUVAIS COMPORTEMENTS

COMPRENDS QUE TU DOIS TOUJOURS AVOIR UNE BALANCE QUAND TU AGIS AVEC UNE FEMME. CELLES-CI SONT TRES INGRATE PAR NATURE ET TRES CAPRICIEUSES. SI ELLE AGIS DE MANIERE CORRECTE AVEC TOI ALORS TU PEUX LUI RENDRE LA PAREILLE, ELLE T'A PROUVE QU'ELLE TIENT A TOI. N'ESSAYE JAMAIS D'AGIR

POUR PLAIRE A UNE FEMME QUE TU SENS DIVAGUER; SIMPLEMENT BARRES TOI, LA EST LA PUNITION.

8EME COMMANDEMENT

NE TRANSFORME JAMAIS UNE FILLE FACILE EN TA FEMME OFFICIELLE

L'ERREUR PRINCIPALE QUE FONT LES HOMMES A NOTRE ÉPOQUE C'EST QU'ILS ESSAYENT DE TRANS-FORMER UNE FILLE FACILE EN LEUR FEMME, TOUT CELA PAR DESIR ET PAR PEUR D'ÊTRE SEUL (PEUR TYPIQUEMENT FÉMININE).

UN BEAU VISAGE, UN GROS CUL ET DES GROS SEINS NE SONT PAS DES CRITERES POUR UNE FEMME SOLIDE SUR LE LONG TERME.

LA LOYAUTE ET LA BONNE EDUCATION SONT LES CRITERES PRINCIPAUX QUE TU DOIS CHERCHER SI TU RECHERCHE QUELQUE CHOSE DE SERIEUX.

PASSER UN BOUT DE METAL AU DOIGT D'UNE FILLE FACILE NE LA TRANSFORMERA PAS EN UNE PRINCESSE.

9EME COMMANDEMENT

LES FEMMES A EVITER SUR LE LONG TERME (+ DE 2 ANS DE RELATION)

1- FEMMES AVEC UN GROS PASSIF FAMILIAL – PAS DE PRÉSENCE MASCULINE (GRANDE PROMISCUITE SEXUELLE/RECHERCHE D'UN PERE/TROUBLES MEN-TAUX/RELATIONS ABUSIVES/RECHERCHE D'ATTEN-TION ET DE VALIDATION CONSTANTE DE PLUSIEURS HOMMES – MANQUE AFFECTIF DE L'ENFANCE SE

RETRADUIT PAR LA RECHERCHE D'ATTENTION MASCULINE ET D'HOMMES HYPER AGRESSIFS (HOMMES EMOTIONELS)/BESOIN CONSTENT DE DRAMES (RECHERCHE D'ATTENTION ET DE DOPAMINE)

2- FEMMES PLUS AGEES – SI TU VEUX UNE DECENDENCE, COMPRENDS QU'APRÈS UN CERTAIN AGE LES FEMMES PERDANT DE LEUR FERTILITE – PROBABLES MAUVAISES RELATIONS DANS LE PASSE -

3- FEMINISTES – IDEOLOGIE FAUSSEE ET CONTRE NATURELLE/CONSTENTES DISPUTES/NE CONNAIT PAS SON RÔLE DE FEMME

4 – FEMME AVEC ENFANTS – POSSIBLES DRAMES AVEC LE PERE BIOLOGIQUES/PRISE DE RESPONSABILITÉS D'UN AUTRE HOMME – FEMMES NE SACHANT PAS FAIRE DES CHOIX RAISONNES POUR LEUR AVENIR – PEU DE SENS DES RESPONSABILITÉS

10EME COMMANDEMENT

NE TEXTE PAS UNE FEMME TOUTE LA JOURNEE

IL N'Y A RIEN DE PIRE POUR UN HOMME QUE DE TEXTER TOUTE LA JOURNEE UNE FEMME. TU VAS METTRE OFF CETTE FEMME. CE QUE COMMUNIQUE LE FAIT DE PARLER TOUTE LA JOURNEE AVEC UNE FEMME C'EST QUE TU N'AS PAS DE VIE ET QUE TU AS FAIS DE CETTE FEMME LE CENTRE DE TA VIE. UNE CONSTANTE LIGNE DE COMMUNICATION PROUVES QUE TU ES TROP INVESTI DANS LA RELATION, QUE TU N'ES PAS UN CHALLENGE ET QUE TU ES TROP INVESTI DANS LA RELATION (QUALITE FÉMININE), TU N'ES PLUS UN CHALLENGE ET QUE TU N'EST PAS UN HOMME PRODUCTIF.

TU PERDS AUSSI TOUT LE CHARME – MYSTERE. LES FEMMES N'AIMENT PAS CE GENRE DE COMPORTEMENT. SERS-TOI AU MAXIMUM DU TÉLÉPHONE POUR PLACER DES RDV. CONSTRUIRE UN ATTACHEMENT/RELATION AVEC UNE FEMME SE FAIT EN PRESENTIEL. EVITE D'ÊTRE TROP DISPONIBLE, MAIS NE SOIS PAS TROP FROID. AI UNE JUSTE MESURE. SOIS OCCUPE ET FOCUS SUR TOI AU LIEU DE PASSER TON PRECIEUX TEMPS A DONNER TON ATTENTION A CETTE FEMME.

11EME COMMANDEMENT

SI TU N'A PAS CE QUE TU VEX D'UNE FEMME NE FORCE JAMAIS. AU PIRE PARS EN LAISSANT LA PORTE OUVERTE

L'ERREUR PRINCIPALE QUE FONT LA MAJORITE DES HOMMES C'EST QU'ILS PENSENT QU'EN ETANT PERSISTANT VIS A VIS D'UNE FEMME PENDANT LONGTEMPS, ILS AURONT CETTE FEMME. RIEN DE PLUS FAUX. COMPRENDS QU'UNE FEMME SOIT ELLE TE VEUT, SOIT ELLE NE TE VEUT PAS. PERSISTER PEUT AMENER DES RESULTAT MAIS TU N'EST QU'UNE OPTION ET TU PERDS DE LA CONSIDÉRATION POUR TOI-MÊME DANS CE PROCESS.

MEILLEURE COMPORTEMENT ET POSITION SI TU VEUX REMONTER SON NIVEAU D'INTERET :

EXEMPLES : - ELLE VEUT JUSTE RESTER AMI (TE FRIENDZONER)

-> "JE SUIS PAS INTERESSE A ÊTRE TON AMI, MAIS SI TU CHANGE D'AVIS APPEL MOI"

-> "C'EST FINI ENTRE NOUS" REPONSE : "OK JE COMPRENDS JE RESPECTE TON CHOIX, SI TU CHANGE D'AVIS APPEL MOI"

LA MAJORITE DES HOMMES DANS CES DEUX SITUATION CONTINUENT DE COURIR APRÈS LA FEMME ET ESSAYENT DE PROUVER JE NE SAIS QUOI. TU TE DEMARQUE DE LA GRANDE MAJORITE DES HOMMES.

12EME COMMANDEMENT

PLACER UN PREMIER RENDEZ-VOUS AVEC UNE FEMME

L'ERREUR QUE FONT LA PLUPART DES HOMMES LORSQU'ILS PRENNENT LE NUMÉRO D'UNE FEMME C'EST QU'ILS PENSENT QU'IL FAUT PASSER DES HEURES AU TÉLÉPHONE ET ECHANGER DES CENTAINES DE SMS AVEC LA FEMME. ERREUR.

IL FAUT QUE TU AILLE DROIT AU BUT SINON TU VAS DETRUIRE LA TENTION SEXUELLE ET TU NE POURRAS PAS FAIRE LE TRI ENTRE CELLE QUI NE RECHERCHENT QUE DE L'ATTENTION/VALIDATION ET CELLES QUI SONT VRAIMENT INTERESSEES.

METHODE SIMPLE: 5-6 MESSAGES ET TU PROPOSE DE LA VOIR EN VISU

-> SI ELLE HESITE (NIVEAU D'ATTRACTION FAIBLE OU MOYEN)

-> METS TOUJOURS LA BALLE DANS SON CAMP ("OK DIS MOI QUAND TU ES DISPO" ET TU COUPE

CONTACT)/DÈS QU'ELLE TE RECONTACTE 3-4 MESSAGES MAX ET TU LUI DEMANDE SI ELLE A TROUVE CES DISPONIBILITES.

POINT IMPORTANT: SI ELLE TE DIT QU'ELLE PREFERE FAIRE CONNAISSANCE PAR MESSAGE ALORS ELLE S'EST ELIMINEE. NIVEAU FAIBLE/MOYEN D'ATTRACTION.

13EME COMMANDEMENT

N'ACCEPTE PAS DES EXCUSES DEBILES

- "JE NE SAIS PAS"
- "MON CHIEN S'EST ENFUI"
- "JE SUIS MALADE"
- J'AI EU UN IMPREVU"

POUR MOI C'EST UN SIGNE D'INTERET FAIBLE. LES FEMMES POSENT DES LAPINS POUR UN TAS DE RAISON, LE PLUS SOUVENT C'EST QU'UN AUTRE HOMME L'A CONTACTE AU DERNIER MOMENT.

95 % DE CES EXCUSES SONT DES MENSONGES. SOIT TU PEUX METTRE LA BALLE DANS SON CAMP SOIT TU L'ELIMINE DE LA COURSE.

14EME COMMANDEMENT

LORSQUE TU AS PEUR DE PERDRE UNE FEMME, TU LA PERDS.

ÊTRE DANS UN ETAT D'AXIETE, TROP FOCUS SUR LA FEMME, CELA TE FAIT PASSER POUR UN DESSESPERE ET UN HOMME SANS OPTIONS. SI TU SENS QUE ÇA NE MARCHE PAS… PARS LA TETE HAUTE.

15EME COMMANDEMENT

EVITE LES FEMMES IMMATURES

1- FEMMES MASCULINES : RECHERCHE DE CONFLITS
2- FEMMES AVEC UNE GRANDE PROMISCUITE SEXUELLE : RISQUES POUR TA SANTE
3- FEMMES AVEC UN PASSE LOUCHE : FAIBLE QUALITE
4- FEMMES YANT DES ADDICTIONS : FAIBLE QUALITE

SI TU VEUX T'AMUSER ÇA PASSE, MAIS N'ESSAYE JAMAIS DE CONSTRUIRE QUELQUE CHOSE AVEC CE GENRE DE FEMMES. NE PERDS PAS TON TEMPS AVEC DES FEMMES DE BASSE VALEUR.

16EME COMMANDEMENT

ARRETE DE TE DEMANDER QUOI FAIRE POUR QU'ELLE SOIT INTÉRESSÉE PAR TOI ET COMMENCE A TE DEMANDER QUE VA T'ELLE FAIRE POUR QUE TOI TU SOIS INTERESSE PAR ELLE

ARRETE D'AVIR UNE MENTALITÉ OU TU ES TROP INVESTI DANS CE QUE PEUX PENSER UNE FEMME DE TOI. TU ES LE PRIX EN TANT QU'HOMME. FAIS-LA TRAVAILLER POUR TON TEMPS, TON ATTENTION ET TA VALIDATION.

17EME COMMANDEMENT

QUE FAIRE SI ELLE TE TROMPE ?

QUESTION DELICATE, MAIS LE MARIAGE OU LA RELATION EST TERMINEE. IL N'Y A PAS DE RETOUR EN ARRIERE DANS CE GENRE DE COMPORTEMENT. C'EST LE SIGNE

ULTIME DE MANQUE DE RESPECT. PRENDS TES VALISES ET COUPE CONTACT JUSQU'A LA FIN DE TES JOURS.

C'EST IRREPARABLE.

APPRENDS A TE RESPECTER ET N'ACCEPTE PAS DES GENS QUI ONT CE GENRE DE TENDANCES.

CROIS TOUJOURS LES ACTIONS DES FEMMES.

18EME COMMANDEMENT

QUE FAIRE SI TU L'AS TROMPE

IL N'Y A AUSSI PAS DE RETOUR EN ARRIERE. SI TU REPRENDS QUELQUE CHOSE DE SERIEUX AVEC UNE FEMME QUE TU AS TROMPE ELLE SE SERVIRA DE TON COMPORTEMENT COMME LEVIER POUR ELLE-MÊME TE TROMPER.

CE QU'IL FAUT FAIRE C'EST UTILISER LE POUVOIR DE PARTIR SANS SE RETOURNER ET LUI DIRE QUE VOUS POUVEZ SIMPLEMENT RESTER EN BON TERME SEXUEL-LEMENT (PLAN C)

19EME COMMANDEMENT

NE CROIS JAMAIS LES MOTS D'UNE FEMME, REGARDE TOUJOURS CES ACTIONS

COMPRENDS QUE LA FEMME MODERNE EST TRES IMMATURE, NE PREND JAMAIS LA RESPONSABILITE DE CES ACTIONS ET EST TRES INGRATE.

LES FEMMES SONT DOMINEES PAR LEURS EMOTIONS ET SONT TRES INDECISIVES ET CHANGENT D'HUMEUR CONSTEMENT. LES ACTIONS SONT LES MEILLEURS

MOYENS DE JAUGER DU REEL NIVEAU D'INTERET/ LOYAUTE/BONNE FOI D'UNE FEMME.

LES MOTS SONT SUPERFICIELS.

20EME COMMANDEMENT

NE RENCONTRE JAMAIS UNE FEMME AVEC QUI TU AVAIS UN RENDEZ-VOUS EN PRESENCE "D'UNE POTE"

COMPRENDS QU'ELLE N'ETAIT PAS INTÉRESSÉE ROMANTIQUEMENT PAR TOI. ELLE T'A VU COMME UN SUCEUR QU'ELLE PEUT UTILISER POUR PASSER LE TEMPS.

DECLINE L'OFFRE ET TIRE TOI.

COMPRENDS QU'ELLE UTILISE CETTE POTE POUR T'EMPECHER DE FAIRE TES MOVES.

21EME COMMANDEMENT

L'INDISPONIBILITE EST-CE QUI ATTIRE RÉELLEMENT LES FEMMES

LORSQU'UNE FEMME PENSE OU SAIT QU'ELLE PEUT T'AVOIR QUAND ELLE VEUT, TU T'EXPOSE A TOUTE UNE SERIE DE JEUX ET DE POSAGE DE LAPIN. LA FEMME DOIT COMPRENDRE QUE TON TEMPS EST PRECIEUX ET QUE TOI AUSSI TU PEUX ÊTRE PERDU : LES FEMMES N'ONT PAS AUTANT D'OPTION QUE TU LE PENSE.

SOIT FOCALISE SUR TOI ET TON BUT, ÇA TE PERMETTRA DE NE PAS ÊTRE TOUJOURS DISPONIBLE ET DONNER DE LA VALEUR A TON TEMPS.

22EME COMMANDEMENT

APPROCHER UNE FEMME

LES GENS SE COMPLIQUENT TOUT ALORS QU'IL N'Y A RIEN DE PLUS SIMPLE. TOUTES LES PHRASES DE "DRAGUE" SONT INUTILES ET SONT JUSTE UNE RECHERCHE DE VALIDATION DE LA FEMME.

LA MEILLEURE APRROCHE C'EST D'ÊTRE "COUILLU" ET D'APPROCHER LA FEMME QUE TU TROUVES BELLE/INTERESSANTE ET QUI T'AS MONTRE DES SIGNAUX D'ATTRACTION.

LA MEILLEURE PHRASE D'APPROCHE EST LA SUIVANTE : "SALUT COMMENT ÇA VA?"... "TU HABITES ICI JE TE VOIS SOUVENT ICI"... "COMMENT TU T'APPELLE?" ET TU ENTAME UNE COURTE DISCUTION.

SI TU VOIS QU'ELLE EST INTERESSANTE, PASSES LUI TON NUMÉRO. SIMPLE.

23EME COMMANDEMENT

NE RECHERCHE JAMAIS A IMPRESSIONNER UNE FEMME

L'INDIFFERENCE FAIT LA DIFFERENCE : À PRENDRE OU A LAISSSER.

LES FEMMES AIMENT LES HOMMES QUI SAVENT CE QU'ILS VEULENT.

SI TU RECHERCHE A AVOIR LA VALIDATION D'UNE FEMME TU COMMUNIQUE QUE TOI SEUL NE SUFFIT PAS. TU METS LA FEMME OFF.

DONNE DEUX STRIKES A UNE FEMME, PAS TROIS. LE PRINCIPE D'INDISPONIBILITE.

DISONS QUE TU FREQUANTE UNE FEMME DEPUIS UNE CERTAINE PERIODE DE TEMPS, ET DEUX FOIS DES-SUITE ELLE TE POSE DES LAPINS, LA IL FAUT QUE TU ELI-MINE CETTE FEMME DE TA ROTATION.

ON TOMBE SUR LE PRINCIPE N°21 DE L'INDISPONIBI-LITE. TU PEUX GARDER CETTE FEMME SI TU VEUX, MAIS N'INITIE PLUS LE CONTACT ET TU LA LAISSE FAIRE 100 % DES EFFORTS POUR TE VOIR, SI BIEN SÛR ELLE ETAIT PLAISANTE ET FÉMININE.

NE RECHERCHE JAMAIS A ACHETER L'AFFECTION/ ATTRACTION D'UNE FEMME

L'ATTRACTION N'EST PAS UN CHOIX. SOIT ELLE TE VEUT, SOIT ELLE VEUT T'UTILISER.

RECHERCHER A ACHETER L'AFFECTION D'UNE FEMME VIA DES DATES AU MEILLEUR RESTAU, LUI ACHE-TER DES OBJETS NE FAIT QUE LA DEGOUTER DE TOI. CE QUE TU COMMUNIQUE EN AGISSANT COMME ÇA C'EST QU'ELLE EST MIEUX QUE TOI.

TU PEUX PASSER DES BONS MOMENTS AVEC UNE FEMME, MAIS NE FAIT PAS ÇA POUR CHERCHER A PAS-SER DANS CES JUPONS.

26EME COMMANDEMENT

COMMENT GERER LE REJET D'UNE FEMME

À NE PAS FAIRE :

PRENDRE ÇA DE FACON PERSONNELLE

L'HARCELLER

PERSISTER ET SE JETTER DANS LA FRIENDZONE

À FAIRE :

SE DIRE QUE C'EST SA PERTE

AVANCER DANS LA VIE

TOUTES LES FEMMES NE TE VOUDRONT PAS. COMPRENDS CE PRINCIPE ET AI UN MINIMUM DE RESPECT POUR TOI-MEME.

PERSISTER T'AMENE AU POSTE DE POLICE OU DANS LA FRIENDZONE.

27EME COMMANDEMENT

LES FEMMES DESTINEES A L'USAGE RECREATIONNEL

TOUTES LES FEMMES NE MERITENT PAS OU NE SONT PAS FAITES POUR DES RELATIONS DITES "NORMALES". CERTAINES FEMMES NE REPONDENT QU'A ÊTRE UTILISEES POUR DU FUN.

DESOLE DE TE L'APPRENDRE, MAIS TU NE POURRAS PAS SAUVER DES GENS QUI NE VEULENT ET NE PEUVENT ÊTRE SAUVES :

- FETARDES: ON EU LA GRANDE MAJORITE DU TEMPS UN GRAND NOMBRE DE PARTENAIRES SEXUELS/NE PEUVENT PLUS AVOIR D'ATTACHEMENT
- FEMMES AVEC UNE MENTALITÉ DE VICTIME: REMETTRA TOUJOURS LES PROBLEMES SUR TOI
- FEMMES AVEC DES GROS BAGAGES EMOTIONNELS: TROUBLES MENTAUX/ATTACHEMENTS MALSAINS
- FEMMES AVEC BEAUCOUP "D'AMIS" HOMMES: TENDANCES MANIPULATRICES/PROMISCUITE SEXUELLE
- MERE CELIBATAIRES: ON FAIT DES MAUVAIS CHOIX DANS LEUR VIE, SONT LA PLUPART DU TEMPS ENCORE EN CONTACT AVEC LE PERE DES ENFANTS, GRANDE PROMISCUITE SEXUELLE, PEU DE SENS DES RESPONSABILITÉS
- FEMMES PLUS AGEES (TRENTAINE ET PLUS) : SI TU VEUX AVOIR UNE DESCENDANCE, RECHERCHE UNE FEMME FERTILE

28EME COMMANDEMENT

QUAND VALIDER/QUAND NE PAS VALIDER

COMPRENDS LA PSYCHOLOGIE FÉMININE. LES FEMMES SONT PROGRAMMEES POUR SERVIR LEUR HOMME, ELLES RECHERCHENT LA VALIDATION (SENTIMENT D'ÊTRE DESIREE, PLAISANTE ET SE SENTIR AIMEE) DE L'HOMME PAR LEQUEL ELLES SONT ATTIREES. TU NE PEUX PAS NE PAS VALIDER UNE FEMME QUE TU APPROCHES, PASSES DU TEMPS AVEC ET AVEC QUI TU AS DES RAPPORTS.

LE POINT FONDEMENTAL EST QUE LA FEMME NE DOIT PAS ÊTRE VALIDEE H24 ET ÊTRE MISE SUR UN PIEDESTAL (EN FAIRE LE CENTRE DE TA VIE). LA FEMME DOIT

TOUJOURS SE SENTIR DANS L'INCONFORT VIS A VIS DE TES SENTIMENTS, NE TE VEND PAS TROP FACILEMENT. LA FEMME DOIT MERITER TA VALIDATION. LES BOLOSS PENSENT QU'EN VALIDANT LA FEMME GRATUITEMENT

CELLE-CI VA EN CONTRE PARTIE LES APPRECIER : C'EST TOTALEMENT FAUX. UNE FEMME QUE TU PRENDS AU SERIEUX VEUT SE SENTIR SPECIALE A TES YEUX, MAIS NE VEUT PAS QUE TU SOIS TROP COLLANT ET OBSEDE VIS A VIS D'ELLE.

LA VALIDATION EST TON SUPER POUVOIR, SI TU LA DONNE GRATUITEMENT ELLE PERD DE LA VALEUR AUTOMATIQUEMENT ET TU NE SERAS PLUS UN CHALLENGE !

29EME COMMANDEMENT

SOIS SÛR DE TOI, DUR, MAIS ROMANTIQUE

AVEC LES FEMMES, TOUT SE FAIT SUR LE PRINCIPE DU MOINS EST LE MIEUX. IL TE FAUT APPRENDRE A ÊTRE PLAISANT ET PARTAGER DES MOMENTS AVEC DES FEMMES QUI T ONT PROUVE QU'ELLE MERITAIENT UN BON TRAITEMENT. APPRENDS A LACHER DU LEST ET NE PENSE PAS TROP.

RETRIBUE DES BONS COMPORTEMENTS QUE TA FEMME FAIT POUR TOI, MAIS TU FAIS CELA, CAR TU LE VEUX, PAS QUE TU DOIVES LE FAIRE. LE FAIT QU'ELLE SOIT FÉMININE EST UNE CHOSE DE NORMAL.

30EME COMMANDEMENT

LES FEMMES DE HAUTE VALEUR

LA LIBERATION SEXUELLE, LE FEMINISME ET LE CONDITIONNEMENT DE LA SOCIETE ONT TRASFORME LA GRANDE MAJORITE DES FEMMES EN FEMMES SIMPLEMENT UTILES POUR AVOIR SIMPLEMENT DU FUN ET RIEN DE SERIEUX. RARES SONT LES FEMMES QUI RENTRENT DANS LA CATEGORIE DES FEMMES DE HAUTE VALEUR OU FEMMES BIEN.

ELLES EXISTENT, MAIS SONT TRES RARES, C'EST POUR CELA QUE JE ME TUE A TE DIRE DANS MES VIDÉOS QUE TU DOIS UTILISER CE SAVOIR COMME UN PRISME POUR LIRE ENTRE LES LIGNES DU COMPORTEMENT FEMININ, CAR NOMBREUSES SONT LES FEMMES QUI PORTENT UN MASQUE ET MIMENT LE COMPORTEMENT DE FEMMES DE HAUTE VALEUR. SI TU RENCONTRE UNE FEMME JEUNE (ENTRE 18 ET 25 ANS) QUI N'A PAS EU UNE TONNE DE PARTENAIRE SEXUELS, QUI VIENT D'UNE FAMILLE AVEC UN PERE FORT, QUI FAIT TOUT POUR TE PLAIRE, QUI EST FACILE A VIVRE, QUI EST DOCILE, QUI EST BELLE, QUI EST TIMIDE, QUI SAIT CUISINER ET QUI VEUT CONSTRUIRE QUELQUE CHOSE SUR LE LONG TERME AVEC TOI, TU AS DEUX POSSIBILITES QUI S'OFFRENT A TOI:

1) SI TU NE VEUX RIEN DE SERIEUX: DIS-LUI SIMPLEMENT LA VERITE ET RESTE EN BON TERME AVEC ELLE.

2) LA LAISSER TROUVER CE QU'ELLE VEUT AVEC UN AUTRE HOMME.

CE QUE J'AI COMPRIS EST QU'AVEC CE GENRE DE FEMME IL NE FAUT PAS ESSAYER DE LEUR

VENDRE DU RÊVE. LE KARMA VA UN JOUR OU L'AUTRE TE TOMBER DESSUS. J'EN AI RENCONTRE UN PAQUET DANS MA VIE (MALGRE LEUR RARETE) ET SI J'ETAIS PAS PRÊT D'AVOIR UNE RELATION PAS BESOIN DE JOUER A DES JEUX! LAISSE-LA A UN HOMME QUI SAURA COMMENT LA TRAITER!

LA CRAPULERIE A DES LIMITES!

CONCLUSION

J'ai essayé d'être le plus clair possible dans ce livre que je voulais être le plus direct possible, sans soit-disantes phrases de drague et autres artifices qui n'ont plus de sens à l'époque des réseaux sociaux. Il suffit simplement d'appliquer les fondamentaux et surtout comprendre comment marche la femme.

Les rapports homme-femme ont radicalement changé à notre époque. Utiliser des méthodes des années 90 pour des femmes modernes est totalement dépassé.

L'époque est à la prise de conscience que les femmes sont des êtres humains et pas des anges tombés du ciel incapables de fourberies, etc.

Sans le savoir de la réalité, tu seras bloqué dans des schémas dépassés : tu seras comme une personne qui utilise Windows 95 à l'époque des IPHONES. Change de logiciel pour être plus

performant dans ta vie relationnelle, que cela soit pour comprendre la nature féminine, avoir du fun, te trouver une partenaire ou parce que tu es simplement curieux de nature.

J'espère que ce livre sera pour toi comme une "pierre de rosette" pour te permettre d'évoluer dans le marché des relations de manière raisonnée et intelligente.

Merci à tous pour votre soutien,

SC 100PITIE